KB272298

세상 친절한

증여 상속

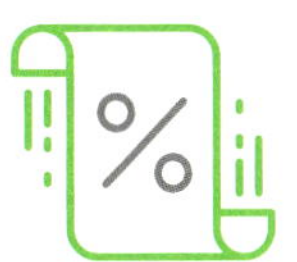

용돈에서 주식 코인까지,
속속들이 알려주는 증여상속 가이드북

세상 친절한 증여상속

김한미 지음

미래의창

"17년의 내공을 '세상 친절하게' 담았습니다."

세무사라는 이름으로 살아온 지 벌써 17년이 되었습니다. 강산이 한 번 반이나 변하는 동안 수많은 상담 현장을 누볐고, 최근에는 유튜브 채널 '절세한미다'를 통해 온라인으로도 소통하는 중이며, 강단에서 세법 지식을 나누는 즐거움을 함께하고 있습니다. 그간의 소중한 경험과 소통을 바탕으로, 감사하게도 이번에 세 번째 세법 책을 세상에 내놓게 되었습니다.

17년이라는 시간은 제게 전문 지식만을 남긴 것이 아닙니다. "세무사님, 법이 너무 자주 바뀌어서 무서워요", "우리 집 한 채도 상속세 대상인가요?"라며 불안해하는 분들의 진심 어린 고민을 읽어내는 법을 가르쳐줬습니다.

왜 증여와 상속은 늘 어렵고 무겁게만 느껴질까요? 그건 아마도 시중에 나오는 정보들이 너무 딱딱하거나, 혹은 지금의 현실과는 동떨어진 과거의 방식에 머물러 있기 때문일 겁니다. 어제의 정답이 오늘의 오답이 되는 급변하는 세제 개편 속에서, 이제 증여와 상속도 최신 버전으로 업데이트가 필요합니다.

상담실에서 마주하는 증여와 상속은 단순히 숫자를 계산하는 과정이 아니었습니다. 그 안에는 한 사람의 치열했던 생애, 가족을 향한 애틋한 마음 그리고 때로는 못다 한 진심이 담긴 하나의 거대한 '스토리'가 흐르고 있었습니다. 저에게 증여와 상속은 숫자의 차원을 넘어, 이 스토리를 풀어내는 일입니다.

이 책에는 제가 현장에서 만난 수많은 이야기가 녹아 있습니다. 누군가의 고민은 곧 나의 고민이 될 수 있고, 그들이 겪은 시행착오는 우리가 미리 대비할 수 있는 소중한 지도가 됩니다. 굳이 낯선 법조문을 외우려 애쓰지 마세요. 이 책에 담긴 다양한 스토리를 소설 읽듯 따라가다 보면, "아, 증여와 상속은 이런 것이구나" 하고 자연스레 느끼게 될 겁니다.

책을 집필하는 동안 저는 세 가지 원칙을 세웠습니다. 첫째, 17년의 실무 경험에서 길어 올린 진짜 절세 노하우를 밝힐 것. 둘째, 유튜브 채널과 강연 그리고 상담을 통해 만난 분들이 가장 궁금해했던 '가려운 곳을 긁어주는 답변'을 담을 것. 셋째, 교수로서 고민해온 누구나 이해하기 쉬운 명쾌한 설명을 할 것.

이 세 가지를 '친절함'이라는 그릇에 담아, 마치 커피 한 잔을 마시며 대화하듯 편안하게 풀었습니다. 낡은 법조문을 나열하는 대신, 오늘 바로 써먹는 최신 트렌드를 젊은 전문가의 시각으로 정확히 짚어드리겠습니다.

증여와 상속은 단순하게 세금을 줄이는 기술이 아닙니다. 오히려 내가 평생 성실하게 일궈온 소중한 자산을 가족에게 가장 안전하게 전해주는 '마음의 기술'이자 다감한 준비입니다. 그 과정이 더 이상 막막한 숙제가 되지 않도록, 지금 이 순간에도 현장에 발붙이고 있는 제가 전문가이자 친절한 가이드가 되어 여러분과 함께하겠습니다.

계산기는 잠시 내려두셔도 좋습니다. 그저 가벼운 마음으로 첫 페이지를 넘겨주세요. 마지막 장을 덮을 때쯤, 여러분은 소중한 사람들을 위해 당당하게 자산을 설계하는 전략가가 되어 있을 겁니다.

1부

누구나 증여상속의 세계에 산다

2부 현금

인출, 불안해하지 말고 전략을 세워보자!

3부 주택

내 집 마련의 꿈 그리고 세금

4부 토지와 건물

대세는 현금보다 건물 증여?

1부

누구나 증여상속의
세계에 산다

용돈, 생활비, 여행비…….
내 돈인데 내 마음대로
줄 수 없다?

"달마다 1,000만 원 정도씩 제 통장으로 입금해도 세무조사 대상
  이 되나요?"

"자녀 계좌로 생활비를 보낼 땐 얼마까지 괜찮을까요?"

"부모님께 매달 용돈 보내드리는데, 이것도 증여인가요?"

최근 고객 상담은 물론 지인들을 통해서도 유난히 자주 받았
던 질문입니다. 생활비, 용돈, 경조비, 효도비……. 이름은 다르지
만 '가족 간 현금 이동'은 증여상속의 세계와 자연히 맞닿아 있
습니다. 예전처럼 부자들만 걱정하는 세금이 아니라, '내 돈이 네
돈이고 네 돈이 내 돈'이었던(?) 영역조차 세법의 해석 대상이 되

고 있기 때문입니다.

최근에는 각종 커뮤니티나 유튜브 등지를 통해 '500만 원만 인출해도 세무조사 대상이 된다'는 괴소문까지 떠돌았습니다. 결론부터 말하자면, 이는 기존 제도를 정확히 이해하지 못해 생긴 오해에 가깝습니다.

국세청은 오래전부터 현금 거래에 대한 모니터링을 해왔습니다. 하루에 1,000만 원 이상의 현금 입출금이 하나의 금융기관에서 발생하면, 금융기관은 금융정보분석원에 의무적으로 보고해야 합니다. 이를 **고액현금거래 보고제도**라고 부릅니다. 거래자의 신원과 거래 일시, 거래 금액 등 객관적 사실이 전산을 통해 자동으로 보고되죠.

금융정보분석원은 금융기관으로부터 보고받은 거래 중 탈세가 의심되는 케이스를 국세청에 통보합니다. 필요한 경우에는 역으로 국세청이 정보를 요청할 수도 있어요. 금융정보분석원이 국세청 등에 고액현금거래 정보를 제공할 때는 제공한 거래 정보의 주요 내용·사용 목적·제공받은 자·제공일 등을 명의인에게 통보해야 합니다.

아울러 고액현금거래 보고제도는 금융기관이 자금세탁의 의심이 있다고 주관적으로 판단한 후 의심되는 사유를 적어 보고하는 **의심거래 보고제도**와는 다른 개념입니다. 의심거래 보고제도는 불법 재산이라고 의심되는 합당한 근거가 있거나 금융거래

구분	고액현금거래 보고제도	의심거래 보고제도
제도의 성격	자동 보고	자금세탁 의심 등 판단에 기반해 보고
판단의 기준	시스템의 객관에 의거	금융기관 직원의 전문적 판단이 개입됨
기준 금액	하루 1,000만 원 이상 현금의 입출금	금액적인 기준은 없음
핵심 포인트	거래 금액과 횟수 등 정량적 기준으로 무조건 자동 보고	자금세탁·탈세 등 의심거래가 잡히면 정성적 판단으로 보고

의 상대방이 자금세탁행위를 하고 있다고 의심되는 합당한 근거가 있는 경우, 금융기관이 금융정보분석원에 보고하는 제도예요. 보고 대상이 되는 금융거래에는 카지노에서 칩을 교환하는 행위도 포함됩니다. 기준 금액은 따로 없고, 금융기관 직원의 전문적인 판단에 의해 이뤄집니다. 2022년부터는 가상자산사업자의 의심거래 보고가 본격화되면서 코인 거래에 대한 의심거래 보고 건수도 높아지고 있습니다.

고액현금거래 보고제도의 기준 금액은 2019년에 기존의 2,000만 원에서 1,000만 원으로 개정되었는데요. 이 금액 자체가 절대적인 기준은 아닙니다. 500만 원 이하의 소액이라도 장기간에 걸쳐 반복적으로 출금하거나 입금하게 된다면 탈세 의심 거래로 판단될 수도 있습니다.

의도보다는
반복성과 패턴이 핵심!

금융당국이나 국세청이 이전부터 해오던 방식임에도 불구하고, 이렇게 새삼스러운 이슈가 불거진 이유는 무엇일까요? 2025년 6월부터 시행된 **세무공무원 포상금 지급규정** 때문인 것으로 추측됩니다. 이 규정이 생기면서, 세무조사를 통해 실제로 걷어낸 세금의 10%를 최대 2,000만 원까지 세무공무원이 포상금으로 받을 수 있게 되었거든요. 일종의 성과급인 셈이니, 이제부터 세무공무원들이 눈에 불을 켜고 세무조사를 실시하지 않을까 하는 우려가 소문을 키운 겁니다.

여기서 핵심은 기존에 없던 새로운 감시 체계가 생겨난 건 아니라는 사실입니다. 이미 존재하던 보고와 통보 시스템 안에서 보상 구조가 다소 변화했을 뿐입니다. '앞으로는 돈이 조금만 오가도 조사의 대상이 된다'는 식의 과도한 불안에 휩쓸려 계좌를 쪼개거나 현금을 일부러 나눠 인출하는 등의 행동은 삼가야 합니다. 오히려 의심을 살 수도 있으니까요.

가족에게 주는 돈에는 늘 명분이 있죠. 부모가 자녀에게 주는 생활비, 자녀가 부모에게 보내는 용돈, 가족 대신 결제하는 병원비, 급전이 필요할 때의 이체, 자녀 통장에 잠깐 넣어두는 목돈……. 하지만 세법의 관점에서 명분과 마음은 중요치 않습니다. 세법의 기준은 '무상으로 자금이 이동했는가'일 뿐입니다.

특히 부모와 자녀 간 금전 거래는 가장 빈번하면서도 여러 해석이 가능한 영역입니다. 매달 부모님에게 송금하는 일정 금액의 효도비와 자녀에게 보태주는 지속적인 지원금도, 과세관청에게 증여로 읽힐 가능성이 있습니다. 금액보다는 반복성과 패턴이 핵심이에요.

그러니 '얼마까지는 괜찮고 얼마부터는 위험하다'는 식의 숫자를 외우는 것보다는 '나의 현금 흐름이 어떤 의미로 해석될 수 있는가'를 파악해야 합니다. 누구나 자신의 의도와는 상관없이 증여상속의 세계에 속해 있습니다. 이런 상황에서 필요한 것은 막연한 불안이 아닌 제도와 기준을 명확히 알고, 현금 흐름을 투명하게 설계하는 일입니다. 그래야 예기치 못한 위험을 피하면서 필요한 지원과 도움을 자연스레 건넬 수 있을 테니까요.

이제는 전략을 세울 때입니다.

서울 자가 있는 김 부장이
갑자기 상속세를
공부하기 시작한 이유

'월급쟁이'와 '벼락상속자'. 서로 어울리지 않는 단어인데, 이제는 한 문장 안에서도 어색하지 않게 읽히죠. 최근 신문 기사에서도 비슷한 이야기를 봤습니다. 서울 집값이 급등하면서 서울에 집 한 채만 있어도 상속세를 걱정해야 하는 상황이 되었다는 겁니다. 상속세는 부자들만 내는 세금이라고 생각했던 평범한 직장인들조차 '이젠 남의 일이 아니다'라며 상속세 공부에 뛰어들고 있다고 합니다.

KB부동산에서 발표하는 월간 주택가격 동향에 따르면 2026년 2월 기준 서울 주택 평균 매매가액은 11억 1,488만 원입니다. 서울 주택의 '평균' 매매가액이 10억 원을 훌쩍 넘어선 겁니다. 여기서 10억 원이 상징하는 바는 큽니다. 혹시 이런 말을 들어보셨나요?

상속세의 핵심 개념 중 하나는 공제 제도인데요. 상속인이 배우자와 자녀로 구성된 경우, 일괄공제 5억 원과 배우자상속공제 5억 원을 적용할 수 있습니다. 즉 상속재산이 10억 원 이하일 때는 상속세 납부 의무가 없는 거예요.

하지만 서울 집값이 급등한 지금, 10억 원짜리 상속재산을 물려받게 된다면 이야기가 달라집니다. 부모님 중 한 분이 생존해 계시다면 다행이지만, 자녀만 상속받는 경우에는 배우자상속공제 5억 원을 제외한 일괄공제 5억 원만 적용되니까요. 나머지 금액에 대한 상속세는 자녀가 고스란히 부담해야 합니다.

자신을 평범한 월급쟁이라고 생각해온 분들이 갑자기 상속세 납세자가 되는 까닭도 여기에 있습니다. '부모님이 평생 모아서 산 집 한 채'가 상속되는 순간, 자녀는 그 재산뿐 아니라 세금까지 함께 물려받기 때문입니다.

똑똑한 한 채와
증여상속의 현실

이제는 하나의 사회적 현상이 된 '똑똑한 한 채'에 대해서도 잠깐 이야기해볼까요? 서울에 12억 원짜리 집 한 채를 가진 김한양 씨와 서울 외곽 수도권에 6억 원짜리 집 두 채를 가진 김경기 씨가 있다고 쳐봅시다. 두 경우 모두 집값이 취득 당시보다 올랐다고 가정할게요.

김한양 씨는 취득 당시 6억 원을 주고 집을 샀습니다. 김경기 씨는 당시 각각 3억 원씩 총 6억 원에 집들을 구매했고요. 두 사람 모두 지금 집을 팔면 6억 원의 이익을 얻을 수 있습니다. 여기까지는 동일해 보이지만, 세금의 차이는 어마어마합니다.

서울에 12억 원짜리 집 한 채를 가진 김한양 씨는 낼 세금이 없습니다. **1세대 1주택 비과세** 요건을 충족했기 때문입니다. 1세대 1주택자일 때는 12억 원 이하의 주택을 양도할 때 양도소득세를 납부할 필요가 없거든요.

반면 서울 외곽 수도권에 6억 원짜리 집 두 채를 가진 김경기 씨는 2주택자에 해당합니다. 그러므로 먼저 파는 집 한 채에 대한 양도소득세를 납부해야 합니다. 집 한 채의 양도차익이 3억 원이고 10년 이상 보유했다고 가정할 경우, 경기 씨는 약 7,000만 원의 양도소득세를 내야만 하죠.

양도소득세 공식	서울 1주택 김한양 씨	수도권 2주택 김경기 씨
양도가액		6억 원
- 취득가액		3억 원
- 필요경비		-
양도차익		3억 원
- 장기보유특별공제	양도가액 12억 원, 1세대 1주택 비과세	6,000만 원
- 기본공제		-
과세표준		2억 4,000만 원
× 세율		38%
양도소득세		약 7,000만 원

한양 씨와 경기 씨의 양도차익은 6억 원으로 같지만, 부담하는 세금의 차이는 아주 큽니다. 이러니 애매하게 집을 여러 채 보유하는 것보다 서울 중심의 똘똘한 한 채를 선호하는 경향이 일반적으로 자리 잡은 겁니다.

부동산, 특히 주택 세금은 전문가도 어려워하는 영역입니다.

2000년대 이후 부동산 가격이 상승하면서 정부는 각종 세법을 통해 투기를 억제하려 했고, 그 과정에서 주택 관련 세금 문제는 나날이 복잡해졌죠. 양도세 및 비과세 요건이 변화했을 뿐 아니라 다주택 중과, 종부세 강화, 생애최초 취득 세제 혜택, 주택·상가·토지 간의 과세 차이 등 고려해야 할 사항들이 많아졌습니다.

주택은 정책적으로나 사회적으로나 의미가 큰 만큼 특별 대우를 받는 자산입니다. 혜택도 페널티도 많고 정책 변화의 영향에 민감하거든요. 이 현상은 결국 증여상속과도 연결됩니다. 부모의 자산 형태에 따라 자녀가 장차 부담할 세금도 휙휙 달라지기 때문입니다.

세금의 세계에선 관점을 바꿔야 한다

부모의 마음에서 시작했다 한들, 세금의 세계에선 관점을 조금 바꿔야 합니다. 사례를 하나 볼까요? 중소기업을 운영하는 고객 한 분이 종로에 있는 꼬마빌딩을 자녀에게 증여하려 저에게 상담을 요청한 적이 있습니다. 대략적인 시세를 보니, 해당 꼬마빌딩은 약 25억 원으로 평가되었고 증여세는 약 8억 원으로 예상되었습니다.

문제는 빌딩을 받아야 할 자녀가 아직 대학원생이라 8억 원의 세금을 납부할 여력이 없다는 점이었어요. 이에 우선은 **부담부증여**를 고려했습니다. 부담부증여란 재산과 그 재산에 딸려 있는 빚을 함께 넘기는 방식입니다. 예컨대 25억 원짜리 꼬마빌딩에 10억 원의 대출이 끼어 있다면, 건물과 함께 대출까지 자녀에게 넘겨 순가액인 15억 원을 기준으로 증여세를 계산하는 게 가능합니다. 세금 부담을 줄일 수 있는 길이죠.

그러나 꼬마빌딩에 대출을 받으려 보니, 대학원생인 자녀에게는 상환 능력이 없었고 건물에서 나오는 임대소득으로는 은행 이자를 내기도 빠듯한 상황이었기에 부담부증여도 불가능했습니다.

이후 여러 방법을 고민하다, 토지와 건물을 분리해보기로 했습니다. 꼬마빌딩의 '건물'만 먼저 증여하는 방안을 택한 겁니다. 꼬마빌딩의 토지는 23억 원으로 평가되었고, 건물은 지은 지 20년이 넘는지라 2억 원으로 평가되었습니다. 따라서 건물만 먼저 증여할 경우 증여세는 약 2,000만 원으로 크게 줄어듭니다. 나중에 토지까지 증여받을 때 납부할 증여세 재원은 건물에서 발생하는 임대소득을 모아 마련하기로 했습니다.

이 고객은 개인사업으로 인한 소득수준이 높은 상태여서 종합소득세 최고세율을 적용받고 있었는데요. 임대소득을 자녀에게 분산시켜 종합소득세를 줄이는 효과까지 볼 수 있었습니다. 부모의 종합소득세 부담을 줄이고 자녀는 임대소득을 얻으면서 미래의 세금을 대비하는 아주 실용적인 전략을 택한 셈입니다.

부동산과 관련된 세금 전략은 뒤에서 별도의 챕터로 다뤄보겠습니다. 여기서는 한 가지만 명심하시면 좋겠습니다. 부모의 마음은 단순합니다. 내 자녀가 불편함 없이 살도록 뭔가 하나라도 남겨주고 싶은 겁니다. 하지만 세법은 단순하지 않습니다. 자산의 형태, 보유 구조, 소득수준, 채무 상환 능력, 시기와 정책 변화 등 모든 요인이 얽혀 증여상속의 결과를 결정합니다. 그렇기에 증여는 '주고 싶은 마음'에서 출발하더라도 '전략적 판단'으로 완성되어야 합니다. 대단한 재테크 기술이 없어도 괜찮습니다. 제도를 알고, 구조를 이해하고, 전략을 세우면 됩니다.

# '내 돈 모아 마련하는 집 한 채'?
증여상속의 판이 바뀐다

영끌, 생애최초, 대출, 부모 찬스, 세금 폭탄, 대선.

이 단어들의 공통점을 눈치채셨나요? 이들을 묶는 핵심 키워드는 바로 주택입니다. 지난 10여 년 동안 한국 사회는 사실상 주택을 중심으로 움직였습니다. 3040세대는 영혼까지 끌어모아 집을 사고, 생애최초로 주택을 취득할 때는 여러 요건에 따라 세금과 대출 혜택을 받을 수 있었습니다. 부족한 자금은 부모 찬스로 채울 수도 있었고요.

주택을 취득한 후에는 종합부동산세(종부세)와 양도세 등 이른바 '세금 폭탄' 이슈가 뉴스의 주인공이 되는가 하면, 대선 공약에서도 주택 세금은 빠지지 않는 단골 메뉴입니다. 우리나라에서 집은 단순히 '사는live 곳'이 아니라 부모 세대의 가장 큰 자산이고, 자녀 세대의 인생 목표이며, 정부 정책의 중심축입니다.

다만 지금은 증여상속의 판 자체가 바뀌고 있습니다. 경제 상황과 정책, 인구 구조가 동시에 움직이며 판이한 풍경을 만들어내고 있기 때문입니다. 2025년 중반에는 이재명 정부가 '6·27 대출 규제'와 '10·15 주택시장 안정화 대책'을 연이어 발표하며 서울 아파트 거래량이 크게 줄기도 했습니다. 고강도 대출 규제가 계속되면 그동안 집값 상승을 이끌었던 이른바 '영끌족'이 더 이상 예전처럼 집을 구매하기 쉽지 않겠죠. 그렇다면 어떤 흐름이 나타나게 될까요? 부모로부터 증여받아 주택을 취득하는, 이른바 '부모찬스족'이 더 늘어날 것으로 예상됩니다.

그 움직임은 이미 시작되었습니다. 대법원 법원등기정보광장에서도 숫자로 확인해볼 수 있습니다. 아파트 등 서울 집합건물의 증여 등기 건수가 2025년 내내 상승세를 보이다 12월에는 1,054건을 달성했거든요. 특히 2025년 1월에는 419건이었던 증여 등기 건수가 1년이 흐른 2026년 1월에는 785건으로 훌쩍 뛰었는데, 이는 약 87% 증가한 수준입니다.

지역별로는 강남·서초·송파, 즉 강남 3구의 비중이 두드러졌습니다. 2026년 2월 집합건물 증여 등기 903건 중에서는 강남 3구가 205건으로 전체의 22.7%를 차지했습니다. 이 지역 아파트

가격이 더 오르기 전에, 집값이 조금이라도 낮을 때 증여하면 세금을 줄일 수 있다고 판단한 것으로 보입니다.

이처럼 대출 규제와 부동산 가격, 부모 찬스는 이제 분리할 수 없는 키워드가 되었습니다. 영끌이 막히면 부모 찬스가 늘고, 부모의 증여는 곧 세대 간 자산 이전과 세금 문제로 직결됩니다.

초고령사회의 절세법은
달라야 한다

부동산을 비롯한 자산 가치가 상승하면서 상속세 납부 대상자가 늘자, 자연히 상속세를 줄이기 위해 미리 증여하는 '절세 플랜'에 대한 상담 요청도 늘어났습니다. 윤석열 정부가 30년 가까이 손대지 않았던 상속세 전면 개편안을 발표했을 때는 "이제 상속세가 바뀌는 건가?"라는 기대감과 함께 증여상속 플랜을 미리 짜보려는 문의가 많았던 것도 사실입니다. 정권 교체로 상속세 개정은 무기한 연기되었지만, 여전히 많은 분이 과도한 증여·상속세에 대비하기 위한 관심을 거두지 못하고 있습니다.

자녀에게 사전증여를 통해 미리 재산을 이전하면서 증여세를 최소화하고, 나아가 상속세까지 줄이는 방법에 관심을 갖는 이들의 중심에는 5060세대가 있습니다. 이들의 입장을 정리하자면 이렇습니다.

말 그대로입니다. 현재의 5060세대는 '부모보다 가난한 세대'를 자식으로 둔 그룹이기도 합니다. 월급보다 자산 가치가 훨씬 빠르게 상승하면서, 현실적으로 누군가의 도움 없이 내 집 마련과 자산 축적을 기대하기 어려워졌습니다. 그 결과 5060 부모 세대는 지금 당장 증여상속을 고민해야 하는 세대로 올라섰죠. 반대로 3040 자녀 세대는 아무 준비도 없이 갑작스런 증여상속으로 세금 폭탄을 맞을지도 모르는 상황입니다.

인구의 20% 이상이 65세 이상이면 '초고령사회'라고 부릅니다. 우리나라도 2024년 12월을 기점으로 고령화사회를 지나 초고령사회로 진입했습니다. 이제 증여상속의 화살표는 자녀를 넘어 손자녀에게까지 향하고 있습니다. 실제 상담에서도 "손주에게 바로 물려주려면 어떻게 해야 하나요?"라는 질문이 부쩍 늘었습니다.

이럴 때 중요한 개념 하나가 바로 **세대생략 할증과세**입니다.

이는 손자녀에게 증여 또는 상속하는 경우 원래 내야 하는 세금에서 30% 또는 40%를 할증하는 규정입니다. 부모→자녀→손자녀로 이어지던 재산의 이전 단계를 부모→손자녀로 축소한 경우, 원래 발생했어야 할 세금을 회피했다고 판단해 부과하는 일종의 페널티입니다.

하지만 동시에 손자녀 증여는 세금을 줄이는 전략으로 활용되기도 합니다. 자녀에게 이미 증여한 10년 이내의 재산이 존재할 경우, 원래는 그 재산까지 합산해 세율을 적용하기에 더 많은 증여세를 부담해야 합니다. 반면 손자녀에게 증여하면 자녀와 손자녀의 증여 이력이 별도로 계산되어 세율 부담을 분산할 수 있습니다. 그래서 최근에는 자녀에게 증여 계획을 세울 때 손자녀에게도 최소한 증여재산공제액만큼, 또는 가장 낮은 10% 세율이 적용되는 금액만큼 나눠 증여하는 전략이 기본 옵션처럼 따라붙습니다.

이 전략은 조부모가 고령일수록 더 자주 쓰입니다. 조부모가 돌아가셔서 상속이 개시되면, 상속개시일로부터 과거 10년 이내에 상속인(자녀)에게 증여한 재산은 상속세를 계산할 때 합산해야 합니다. 반면 생전에 손자녀에게 증여한 재산은 계산 기간이 5년 이내로 줄어들기 때문에 결과적으로 절세 효과를 기대할 수 있거든요. 다만 자녀가 있는 경우 손자녀는 법적 상속인이 아니기에, 손자녀에게 상속하고 싶다면 유언 등으로 명확히 의사를 남기거나 '유언대용신탁'을 활용해 상속 구조를 미리 설계하는 작업이 필요합니다.

요즘 은행이나 증권사에서 자주 보이는 유언대용신탁 광고들은 이런 걱정을 반영한 결과입니다. 재산을 물려주고 싶은 자녀는 따로 있건만, 살아생전에 미리 증여하지 않으면 상속이 개시된 후에는 민법이 정한 법정상속분에 따라 재산이 분배되어 버리니까요. 내가 죽고 난 뒤에는 내 재산이지만 내 뜻대로 나누기 어려운 구조가 됩니다. 그래서 단순한 유언장을 넘어, 유언대용신탁 등 금융 상품을 통해 상속재산의 수익과 분배를 동시에 설계하는 사례가 늘고 있습니다.

증여냐 상속이냐, 결국 시간의 문제일 뿐

증여와 상속은 '부의 무상이전'이라는 점에서 같은 범주에 놓입니다. 다만 결정적인 차이가 하나 있습니다. 증여는 시점을 선택할 수 있지만 상속은 그 순간을 선택할 수 없다는 점입니다. 증여는 증여자가 살아생전에 미리 재산을 이전해주는 것이고, 상속은 증여자가 사망한 후에 재산이 이전되기 때문이죠.

재산 이동이라는 관점에서 보면 증여상속에 이어 양도까지도 하나의 축으로 연결됩니다. 양도는 '부의 유상이전'을 의미합니다. 대가를 받고 어떤 재산을 이전하는 일이죠. 증여와 상속은 부모·자녀 같은 특수관계인 사이에서 주로 일어나고, 양도는 불특정다수인 또는 객관적인 제3자, 즉 잘 모르는 사람들끼리 각자의 이해관계에서 이뤄집니다.

겉으로 보기에는 조금씩 다른 듯해도 세법에서는 증여-상속-양도가 유기적으로 이어져 있습니다. 모두 재산이 이동할 때 부과되는 세금이기 때문입니다. 그러니 재산을 증여받거나 상속받을 때 절세하는 것도 중요하지만, 이 재산을 처분할 때 양도소득세를 최소화하는 방법도 종합적으로 고려해야 합니다. 이 책에서 양도세 이야기가 자주 나오는 이유도 이와 같습니다. 증여, 상속, 양도는 결국 하나의 길 위에서 순서만 달라지는 흐름이거든요.

실제로 고객과 상담하다 보면 이런 질문을 많이 듣습니다.

어려운 선택 같지만 현실은 단순합니다. 상속은 시점을 통제할 수 없기에 살아생전 선택할 수 있는 방법은 증여뿐이에요. 결국 우리에게 필요한 것은 '얼마나', '어떻게' 등 여러 사안을 고민해 치밀한 계획을 세우고 증여를 실행하면서, 상속을 증여로 전환해가는 과정입니다.

증여는 시간 싸움입니다. 누진세율을 피하려면, 또 자녀가 감당해야 할 세금을 최소화하려면 재산을 한 번에 몰아주는 것이 아니라 시간을 두고 분산해 이전하는 것이 가장 기본적이면서도 확실한 절세 방법입니다.

효도계약서, 가족 법인?
증여를 설계하는 다양한 방법

세상 친절한 증여상속

한국 사회는 유독 재산 이야기를 조심스러워합니다. 자녀가 말을 꺼내기도 어렵고, 말을 꺼낸다 해도 부모님이 언짢아하시며 "내가 알아서 할 테니 넌 신경 쓰지 마라"라고 일축하기도 하죠. 이런 상황에는 복합적인 마음이 담겨 있습니다. 재산 이야기는 불효라는 생각, 미리 대비하면 재수가 없다는 식의 분위기, 자녀를 완전히 믿기 어렵다는 걱정까지 두려움과 오해가 숨어 있는 겁니다.

저는 이러한 정서 때문에 증여 시기를 놓치는 분들을 자주 만납니다. 그리고 자녀를 믿지 못하겠다면 '효도계약서'라도 쓰시라고 권합니다. 효도계약서란 부모가 생전에 자녀에게 재산을 증여할 때 효도와 부양 등을 조건으로 작성하는 일종의 부담부증여 계약을 말합니다. 부담부증여란 수증자(증여를 받는 사람)가 증여를 받는 동시에 일정한 채무를 부담할 것을 조건으로 하는 증여 계약으로, 재산과 그에 따른 부담을 함께 주는 것을 의미합니다. 즉 자녀가 계약서의 내용대로 부모에게 효도하지 않는다면 증여가 취소될 수 있다는 문서예요.

실제로 대법원은 노부모를 봉양하겠다는 조건을 이행하지 않은 아들에게 20억 원 상당의 건물 소유권을 반환하라고 판결하기도 했습니다. 씁쓸한 현실이지만 이런 사례는 적잖이 찾아볼 수 있습니다. 대법원에 따르면 2022년 5월부터 2025년 5월까지 1심에서 진행된 부담부증여 해제 관련 민사소송은 350건 이상이에요. 자녀가 재산만 증여받고 부모에게 부양의무를 다하지 않아 법적 분쟁으로 번진 사건이 연간 100건이 넘는다는 뜻입니다.

이처럼 감정과 세법이 한데 얽힌 것이 증여의 영역이지만, 결코 미뤄서는 안 됩니다. 최근에는 가족 법인 설립, 유언대용신탁, 가업승계 특례처럼 한층 구조화된 도구들이 활발히 사용되고 있습니다.

가족 법인 설립은 부모의 높은 종합소득세 부담을 줄이고, 자녀에게 재산을 이전할 때 세율 구조를 유리하게 넘기는 방식입니다. 유언대용신탁은 사망 이후의 분쟁을 최소화하면서 특정 자녀에게 어떤 자산을 어떻게 배분할지까지 설계할 수 있어 전통적인 유언장의 한계를 보완하죠. 가업승계는 일정 요건을 충족하면 최대 600억 원까지 상속·증여세 공제를 받을 수 있는 제도입니다. 사업체를 운영하는 부모 세대라면 반드시 검토해야 할 선택지입니다.

증여는 이제 결심보다는 설계의 문제가 되었습니다. 어떻게 구조화하느냐에 따라 자녀가 부담할 세금과 분쟁 가능성이 극적으로 달라집니다. 증여와 상속을 미리 준비하지 못하면 내야 할 세금은 기하급수적으로 커져요. 우리나라 상속세와 증여세의 세율은 10~50%의 누진세율 체계입니다. 과세표준이 30억 원을 넘는 순간 최고세율 50%가 적용됩니다. 이는 전략 없이 상속을 맞이하면 재산의 절반을 세금으로 납부하게 된다는 의미입니다. 가령 재산이 50억 원이고 생전 여러 자녀에게 증여할 경우, 자녀 각각이 부담하는 세금은 대폭 감소됩니다. 반면 상속으로 일시에 재산이 이전되면 50억 원 전액이 과세 대상이 되어 최고세율을 적용받습니다.

상속과 증여의 결정적인 차이

또 하나 짚어야 할 상속세와 증여세의 차이점은 '누구에게 세금을 부과하는가'입니다. 상속세는 돌아가신 분, 즉 '고인의 전체 재산'을 기준으로 세금을 매깁니다. 물론 실제로 납부하는 건 상속을 받은 상속인들이죠. 고인의 재산 총액에 대한 상속세를 계산한 후, 상속인들이 각자 상속받은 재산을 기준으로 나눠 납부하는 방식입니다.

반면 증여세는 수증자를 기준으로, '받은 사람이 얻은 재산'에 대해서만 세금을 냅니다. 증여 시점별로, 수증자별로 세율 구조를 여러 번 활용하는 게 가능하기에 전체 부담을 대폭 줄일 수

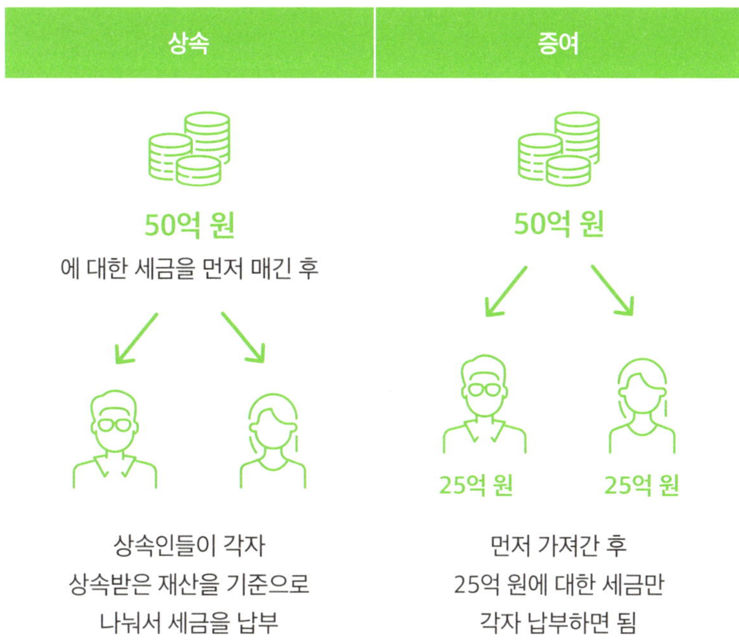

있는 구조입니다.

예컨대 50억 원의 재산을 상속으로 물려주면, 고인의 상속재산 총액 50억 원에 대한 상속세를 계산해 세금을 매기게 됩니다. 하지만 두 명의 자녀에게 절반씩 나눠 증여한다면 각 자녀는 본인이 증여받은 재산 25억 원에 대한 증여세만 계산해 세금을 냅니다.

결국 상속세는 상속인이 여러 명이라 해서 내야 할 세금의 총

액이 줄어들지는 않지만, 증여세는 증여받은 사람이 자신의 몫
에 대해서만 세금을 납부하는 방식이기에 여러 명이 잘 나눌수
록 전체 증여세가 줄어드는 효과가 있습니다. 이것이 생전 증여
설계가 중요한 이유입니다.

증여상속의 순간은 일생에 한 번쯤 꼭 옵니다. 그날이 '세금 폭
탄의 날'이 될지, '내 재산을 내 뜻대로 물려주는 날'이 될지는 오
롯이 지금의 선택과 설계에 달려 있습니다.

유산세와 유산취득세, 상속세 게임의 룰을 이해하라

2024년 하반기, 세금 분야에서 가장 뜨거운 키워드는 단연 '상속세'였습니다. 정부가 발표한 2025년 세법 개정안에서 상속세율을 하향 조정하고 상속공제액을 상향하는, 대대적인 완화안이 제시되었기 때문입니다. 흥미로운 점은 상속세 제도 자체는 30년 가까이 크게 바뀌지 않은 채 유지되어 왔다는 사실입니다. 그 30년 동안 한국의 경제 규모, 국민소득 수준, 부동산 가격은 완전히 달라졌습니다. 그럼에도 상속세 세율 구조는 여전히 1990년대에 머물러 있는 겁니다.

현재의 상속세는 공제액은 낮고, 누진세율을 적용하며, 최고세율은 50%입니다. OECD 국가들과 비교했을 때 일본 다음으로 가장 높은 세율을 적용하고 있습니다. 그래서 이전 정부도 '30년 만에 전면 개편'을 알리며 상속세 개정안을 추진했던 것인데요. 끝내 계엄령으로 인한 혼란 속에서 개정안은 국회의 문턱을 넘지 못하고 부결되었습니다.

이후 새 정부가 들어서고 2026년에 시행될 새로운 세법 개정안도 발표되었는데, 이전 정부의 상속세 완화 방안은 해당 개정안에서 모두 빠졌습니다. 새 정부는 '상속세는 단순한 세목 조정이 아닌 제도 전면 개편에 해당되어 충분한 연구와 검토가 필요하며, 장기 과제로 추진될 것'이라고 밝혔습니다.

상속세의 구조,
속성으로 이해하기

앞으로 상속세가 어떻게 변화할지, 그 방향을 가늠하기 전에 우선 현행 제도의 구조부터 정확히 알아봅시다. 상속세와 증여세의 세율 구조는 동일합니다. 옆의 표에서 확인할 수 있듯 과세표준 구간별로 10~50%의 누진세율이 적용되죠. 이 구조는 1990년대 도입 이후 거의 변하지 않았습니다. 특히 30억 원 초과 구간의 최고세율인 50%는 한국의 자산 수준과 비교해 계속 논쟁의 중심에 서 있습니다.

과세표준	세율	누진공제액
1억 원 이하	10%	없음
5억 원 이하	20%	1,000만 원
10억 원 이하	30%	6,000만 원
30억 원 이하	40%	1억 6,000만 원
30억 원 초과	50%	4억 6,000만 원

현행 상속공제는 크게 '인적공제'와 '물적공제'로 나뉩니다. **인적공제**에는 기초공제 2억 원과 자녀공제(1인당 5,000만 원)가 포함되고, 배우자가 상속을 받는 경우 최소 5억 원을 공제해주는 배우자상속공제를 받을 수 있습니다. 미성년자의 경우 만 19세까지 남은 연수에 1,000만 원을 곱해 계산하는 미성년자공제가 적용됩니다. 또한 65세 이상이면 1인당 5,000만 원을 추가로 공제하는 연로자공제와 장애인공제도 포함되며, 이 모든 항목을 합친 금액이 5억 원에 미치지 못하면 '일괄공제'라는 이름으로 5억 원을 적용받을 수 있습니다.

물적공제 역시 여러 항목으로 구성됩니다. 금융재산상속공제(최대 2억 원), 피상속인과 동거하며 거주하던 집에 적용되는 동거주택상속공제(최대 6억 원), 가업·영농을 승계하는 경우 적용되는

인적공제	• 기초공제: 2억 원
	• 기타 인적공제
	  - 자녀공제: 1인당 5,000만 원
	  - 미성년자공제: 만 19세까지 연수 × 1,000만 원
	  - 연로자공제: 만 65세 이상 1인당 × 5,000만 원
	  - 장애인공제: 기대여명 연수 × 1,000만 원
	• 일괄공제: 5억 원
	• 배우자상속공제: 최소 5억 원

물적공제	• 금융재산상속공제: 최대 2억 원 • 동거주택상속공제: 최대 6억 원 • 가업(영농)상속공제: 최대 600억 원(30억 원) • 재해손실공제: 손실된 재산가액

가업상속공제(최대 600억 원), 재난으로 인한 손실을 인정하는 재해손실공제 등이 있습니다.

이 상속공제 체계 또한 지난 30년 동안 거의 변하지 않았습니다. 그사이 부동산 가격과 국민 자산 규모가 크게 달라졌음에도 불구하고요. 그래서 이전 정부는 자녀공제만큼은 현실에 맞춰 조정해야 한다는 판단 아래, 자녀 1인당 공제액을 현행 5,000만 원에서 5억 원으로 10배 확대하는 개정안을 제시했습니다.

만약 이 개정안이 통과되었다면 약 15억 원짜리 서울 아파트

한 채를 두고 4인 가족에서 상속이 발생했을 때(부모 중 한 명이 고인이 된 경우), 배우자상속공제 5억 원과 자녀 두 명의 자녀공제 10억 원을 합쳐 총 15억 원을 공제받아 상속세 부담이 완전히 사라지는 구조가 짜였을 겁니다. 말 그대로 '서울 집 한 채 있는 중산층은 상속세 부과 대상에서 제외하자'는 사회적 분위기가 반영된 개정안이었죠. 하지만 이 역시 국회 통과에 실패하면서, 현행 상속공제는 결국 30년 전의 체계를 그대로 유지하게 되었습니다.

유산세 vs. 유산취득세

한편 상속세 논의에서 빠지지 않는 주제가 하나 있습니다. 바로 '과세 유형 자체를 바꿀 것인가'의 문제입니다. 이전 윤석열 정부는 현행 '유산세' 방식을 '유산취득세'로 전환하는 전면 개편안을 추진했습니다. 세계의 흐름에 맞춰 각자 실제로 받은 재산만큼만 상속세를 부담하도록 하자는 취지였습니다.

실제로 OECD 국가 중에서 상속세를 부과하는 대부분의 나라가 유산취득세 방식을 선택하고 있습니다. 우리나라처럼 유산세 방식을 취하는 곳은 미국과 영국을 포함한 4개국에 불과합니다. 다만 상속세가 '부자 감세'로 비칠 수 있다는 정치적 부담 때문에 이 개편안 역시 입법으로 이어지지 못했습니다.

그렇다면 유산세와 유산취득세는 구체적으로 어떤 차이가 있을까요?

먼저 현행 상속세인 **유산세**는 고인이 남긴 유산 전체를 하나의 덩어리로 봅니다. 여기에 누진세율을 적용해 세금을 계산해요. 상속인이 여러 명이든 한 명이든 상속세 총액은 유산 총액으로 결정됩니다. 예컨대 상속재산이 50억 원일 땐 자녀가 둘이든, 배우자가 모든 재산을 받든, 법정 비율대로 나누든 상속세 총액은 변하지 않아요. 이 구조에서는 유산 규모가 커질수록 높은 누진세율(최대 50%)이 바로 적용되기에, 재산이 많을수록 상속세 부담이 기하급수적으로 늘어납니다.

반대로 **유산취득세** 방식에서는 상속인 각자가 실제로 취득한 재산에 대해 개인별로 누진세율을 적용합니다. 예를 들어 자녀 두 명이 각각 15억 원씩 상속받았다면, 각 15억 원에 대한 세금을 따로 계산하는 식입니다. 유산을 많이 물려받는 상속인에게 상대적으로 더 높은 세금을 부과할 수 있고 이것이 곧 공평과세를 실현하는 방법이므로 상속세를 유산취득세 방식으로 전환해야 한다는 의견이 많습니다. 현재의 증여세가 유산취득세 방식을 따르는 중이죠.

그렇다면 유산취득세로 바꾸면 상속세가 줄어들까요? 일단 각자가 받은 재산에 대해서만 세금을 납부하면 끝이니, 유산세 방식으로 부과할 때보다 세금이 줄어드는 건 사실입니다. 하지만 오늘날 인구 감소로 인한 핵가족화가 보편화된 상황에서는 이 방식이 기대만큼 효과적이진 않을 겁니다.

상속재산을 받은 자녀가 한 명이라고 생각해봅시다. 그럼 총 상속재산에 대한 상속세를 상속인 한 명이 모두 부담하게 됩니다. 유산세로 과세하든 유산취득세로 과세하든 실질적으로 상속세 부담에는 차이가 없는 겁니다. 자녀가 두 명이라 해도 각자 받는 상속재산의 과세표준이 30억 원을 초과하는 순간 최고세율 50%를 적용받기 때문에 유산세 방식과 별다른 차이가 없게 되고요.

연대납세의무도
함께 생각해야 한다

하나 더 알아둬야 할 개념이 있습니다. 상속세는 상속인 모두가 각자 상속받은 재산을 한도로 연대해 납부할 의무가 있어요. 즉 상속인 중 한 명이 상속세를 내지 않으면, 다른 상속인이 자신이 상속받은 재산 한도 내에서 세금을 대신 내줘야 합니다. 이를 **연대납세의무**라고 부르는데요. 상속인 중 배우자와 자녀가 있는 경우 연대납세의무를 상속세 절세의 방법으로 이용하기도 합니다.

간단한 예를 들어봅시다. 총상속재산이 50억 원이고 배우자와 자녀 두 명이 상속인인 경우, 법정상속비율대로 배우자는 1.5, 자녀가 1의 비율을 가져갈 수 있습니다. 배우자가 20억 원을, 자녀들이 각각 15억 원씩을 상속받는 겁니다. 상속세는 약 8억 원이라고 가정할게요.

상속세 8억 원에 대해 각자 상속받은 재산 비율대로 나누면 배우자는 3억 2,000만 원, 자녀들은 각각 2억 4,000만 원씩 상속세를 납부해야 합니다. 이때 연대납세의무를 활용하면 배우자가 8억 원의 세금을 모두 납부하는 게 가능해요. 이처럼 연대납세의무는 배우자가 상속받은 재산 한도 내에서 자녀들의 상속세를 대신 내준다 해도, 증여로 보지 않고 처리해줍니다. 이 점을 이용해 배우자가 상속인인 경우 배우자상속공제도 챙기고 자녀에게는 최대한 많은 재산을 물려줄 수 있도록 절세 계획을 세우기도 합니다.

다만 상속세가 유산취득세 방식으로 전환되면, 상속인 각자가 자신이 받은 재산에 대해 세금을 납부하게 되므로 상속인 간의 연대납세의무는 사라질 겁니다. 지금처럼 자녀의 상속세를 대신 납부해주며 세금 없는 증여를 꾀하는 방식은 더 이상 불가능하겠죠. 이런 점을 보완하기 위해서는 오랫동안 개정되지 않은 상속공제와 상속세율을 현실적으로 조정하는 과정이 함께 이뤄져야 합니다. 그래야 유산취득세 방식의 효과가 제대로 나타날 테니까요.

구분	유산세 (현행 상속세 방식)	유산취득세 (현행 증여세 방식)
과세 기준	피상속인의 전체 유산	상속인 각자가 받은 유산
총세액	상속인이 몇 명이든 총세액은 동일	상속인이 많을수록 1인당 내는 세금이 줄어드는 구조
누진세율 적용	유산 총액이 크다면 최고세율(최대 50%)	상속인 과세표준 기준에 따라 적용
세금 부담은?	자산 규모가 클수록 모두의 세금 부담도 커짐	각자 받은 금액에 따라 계산하므로 절세 효과 기대
연대납세 의무	가능 (상속인 간에 세금 대신 납부 가능)	사라질 가능성이 큼

상속세를 둘러싼 논쟁은 결국 '누가 더 많이 내는가'를 넘어, '국가가 부를 어떻게 바라보는가' 그리고 '사회가 어떤 분배 구조를 원하는가'라는 질문과 연결됩니다. 제도는 앞으로도 바뀔 겁니다. 세율이 조정될 수도 있고, 공제 한도가 조절될 수도 있으며, 유산세에서 유산취득세로의 전환 논의도 다시 등장할 수 있습니다. 상속세는 그만큼 정치와 경제의 온도에 민감한 세목입니다.

다만 제도가 바뀐다고 해서 증여상속이 단순해지지는 않습니다. 오히려 제도가 바뀔 때마다 누가 먼저 구조를 이해하느냐, 누가 재산 구조를 유연하게 설정해뒀느냐가 세금 부담을 결정 지을 겁니다. 정답을 기다리는 대신 언제든 조정 가능한 나만의 재산 구조를 설계해야 합니다. 변동성 속에서 자신만의 전략을 가진 사람은 어떤 시나리오에도 흔들리지 않을 겁니다.

보이지도 잡히지도 않는
재산의 등장,
디지털 유산과 가상자산

"금전으로 환산할 수 있는 경제적 가치가 있는

모든 물건 또는 이익."

"재산적 가치가 있는 법률상 또는 사실상의 모든 권리."

우리 세법은 과세 대상 재산을 이렇게 정의합니다. 말 그대로 돈이 될 만한 모든 것이 과세 대상이죠. 1990년대까지 상속·증여의 대상은 집과 토지, 공장 등 전통적 자산이 대부분이었습니다. 하지만 2000년대 이후에는 부동산·현금·주식부터 비트코인 등의 가상화폐·NFT·게임머니·유튜브 채널·SNS 계정 같은 디지털 유산까지, 상속·증여의 재산 범위가 폭발적으로 확장되었습니다.

가상자산은 아직 세금과 거리가 멀다고 생각하는 분도 많을 텐데요. 사실 세법상으로는 이미 명확한 과세 대상입니다. 가상자산을 팔아 얻는 소득에는 2027년부터 세금이 매겨질 예정이고, 가상자산을 증여하거나 상속하는 경우는 2022년부터 과세 대상이었습니다. 금융정보분석원에 따르면 2024년 말 국내 가상자산 시가총액은 100조 원을 돌파했고, 거래 이용자 수는 1,000만 명에 육박합니다. 가상자산은 더 이상 소수의 모험적 투자가 아닌 재산 포트폴리오의 한 축이 되었습니다.

내 '취미 블로그'도 유산이 된다고?

비슷한 맥락에서, 온라인 계정 역시 새로운 '재산'으로 인식되고 있습니다. 예를 들어 제가 운영하는 '절세한미다' 유튜브 채널을 생각해보겠습니다. 구독자 수·조회 수가 늘면 광고 수익이 발생하고, 채널에는 축적된 콘텐츠와 브랜드 가치가 쌓입니다. 만약 제가 갑자기 세상을 떠난다면 이 채널은 어떻게 될까요? 그냥 방치된 채널이나 삭제된 채널로 끝나는 걸까요? 그렇지 않아요. 유튜브 채널에서 발생하는 수익과 그 가치는 상속재산으로 평가될 수 있는 경제적 자산입니다.

비단 유튜브만의 문제가 아닙니다. 기업과 개인사업자가 운영하는 SNS 채널, 블로그·브런치스토리 등의 콘텐츠 플랫폼 계정, 인스타그램·틱톡 등 팔로워 기반 계정, 온라인 스토어 계정, 개인이 기록한 일상·취미 기반 계정……. 오늘날 대부분의 사람은 하나 이상의 온라인 계정을 운영하고 있습니다. 이 계정들은 단순한 온라인 명함이 아니라 실제로 브랜드 가치와 수익을 창출하는 경제적 자산, 즉 디지털 유산Digital Legacy이 되고 있습니다.

디지털 유산이란 고인이 생전에 남긴 모든 디지털 자료와 계정을 의미합니다. 소셜미디어 프로필, 이메일 계정, 온라인 저장소의 사진과 문서, 암호화폐 지갑, 게임머니, 온라인 쇼핑 계정 등이 모두 포함됩니다. 이런 디지털 유산은 단순한 데이터 이상의 의미를 지닙니다. 추억, 관계, 경제적 가치가 담긴 중요한 자산이니까요. 그래서 최근에는 상속의 관점에서도 중요성이 커지고 있습니다.

이러한 중요성과는 대조적으로, 한 설문조사[1]에 따르면 디지털 유산에 대한 전반적인 인지도는 아직 낮았습니다. 디지털 유산에 대해 60%가 넘는 응답자가 '모른다'고 답했고, 디지털 유산을 가족에게 양도하는 것에 대해 63%는 찬성, 37%는 반대 입장을 나타냈습니다. 디지털 유산 상속을 찬성하는 가장 큰 이유로는 "추억과 기억의 보존을 위해서"가 꼽혔고, 상속을 반대하는 이유로는 "프라이버시 침해가 우려되어서"라는 답변이 가장 많았습니다. 이처럼 디지털 유산은 여전히 낯설고, 의견이 분분한 자산입니다.

그래서인지 디지털 유산을 다루는 제도도 거의 없습니다. 특히 플랫폼 사업자들은 개인정보 보호를 이유로 이용자의 계정 정보를 공개하지 않는 경우가 대부분입니다. 예를 들어 고인의 갑작스러운 사망으로 부고를 알리기 위해 고인의 SNS 계정에 저장된 연락처가 필요한 경우에도, 플랫폼 사업자가 정보를 제공하지 않으면 이를 이용할 수 없는 겁니다. 플랫폼 사업자가 고인의 유족에게 계정 접근을 허용할 법적 근거나 절차가 제도화되지 않은 것이 현실입니다.

디지털 유산은 감정적·사회적 의미뿐 아니라 세금과 직결되는 경제적 자산입니다. 가상자산에 대한 과세가 본격화되고, 유튜브 채널이나 SNS 계정도 수익과 브랜드 가치를 평가받기 시작하면 이들은 자연스럽게 상속과 증여의 핵심이 될 겁니다.

2부

현금

인출, 불안해하지 말고
전략을 세워보자!

증여에서 꼭 기억해야 하는
두 가지, '10년'
그리고 '누적합산과세'

증여세를 계산할 때는 해당 증여일로부터 10년 내에 증여한 재산을 모두 합산합니다. 이때 합산의 기준이 되는 건 증여를 받는 수증자고요. 수증자가 해당 증여일로부터 10년 내에 동일인에게 증여받은 1,000만 원 이상의 재산가액을 모두 합산하는 식입니다. 이 10년 동안 **증여재산공제**는 단 한 번만 이뤄집니다. 특히 증여자가 직계존속인 경우에는 그 직계존속의 배우자를 '동일인'으로 본다는 점에 주의해야 합니다.

간단한 예를 들어봅시다. 여러분이 최근 10년간 아버지와 어머니로부터 각각 1억 원씩 총 2억 원을 증여받았다면, 둘을 합산한 증여재산가액 2억 원에서 증여재산공제에 해당하는 5,000만

| **부모님에게 각각 1억 원을 증여받을 때, 증여세는?** |

	아버지 → 나(1억 원)	어머니 → 나(1억 원)
증여재산가액	1억 원	2억 원 (+ '동일인'인 아버지의 1억 원)
- 증여재산공제	5,000만 원	5,000만 원 (아버지와 공제금액 공유)
과세표준	5,000만 원	1억 5,000만 원
× 세율	10%	20%
산출세액	500만 원	2,000만 원

원은 단 한 번만 공제받을 수 있습니다.

그러니 부모님에게 증여받을 때는 증여세 계산에 주의를 기울여야 합니다. 과세표준이 높아지면 증여세에는 10~50%의 누진세율이 적용되고, 결과적으로 여러분은 훨씬 더 많은 증여세를 납부하게 됩니다.

만약 아버지와 어머니로부터 받은 돈에서 증여세를 따로 계산하는 논리라면 500만 원씩 총 1,000만 원의 증여세만 납부하면 될 테지만, 두 건을 합산해서 계산하니 총 2,000만 원의 증여세가 발생합니다. 이것이 바로 **누적합산과세**의 결과입니다.

자녀에게 증여,
언제 어떻게 해야 할까?

"자녀에게 증여, 언제부터 해야 할까요?"

"바로 지금 당장이요!"

자녀에게 증여하려고 하는 분들은 망설이지 말고 지금 당장, 바로 시작해야 합니다. 증여재산공제를 최대로 활용하려면 빠를수록 좋아요. 앞서 증여재산공제는 수증자를 기준으로 10년 동안 한 번만 적용된다고 설명했는데요. 증여재산공제액은 증여자와 수증자의 관계에 따라 조금씩 달라집니다.

배우자끼리는 무려 6억 원을 공제받을 수 있습니다. 여기서 배우자는 민법상 혼인 관계에 있는 사람을 말합니다. 그러니 사실

| 증여재산공제액, 한눈에 이해하기 |

구분	증여재산공제액
배우자 간 증여	6억 원
직계존속이 직계비속에게 증여 (세대생략 증여 포함)	5,000만 원 (수증자가 미성년자인 경우 2,000만 원)
직계비속이 직계존속에게 증여	5,000만 원
기타 친족 간 증여	1,000만 원

혼 관계는 공제 대상이 아닙니다. 또 직계비속에는 '수증자와 혼인한 배우자의 직계비속'도 포함되기 때문에 계부·계모와 자녀 간의 증여 시에도 직계비속의 경우처럼 5,000만 원의 증여재산공제가 적용됩니다.

☞ 더 정확히 알아보자! 직계존비속의 범위

① 출양한 자인 경우에는 양가 및 생가에 모두 해당합니다. 따라서 양부모와 친부모는 모두 직계존속에 해당합니다. 또 양자(가족관계등록부에 양자로 등재된 자)와 친생자 모두 직계비속에 해당됩니다.
② 출가녀인 경우에는 친가에서는 직계존속과의 관계, 시가에서는 직계비속과의 관계에만 해당합니다. 따라서 결혼한 여성의 경우 친정 부모님은 직계존속에 해당하나 시부모님은 친족에 해당합니다. 장인·장모와 사위도 친족에 해당합니다.
③ 외조부모와 외손자는 직계존비속에 해당합니다.
④ 혼인외의 출생자와 생모는 직계존비속에 해당합니다.

1,000만 원을 공제받는 '기타 친족'의 범위가 궁금하신 분들도 있을 텐데요. 기타 친족은 배우자와 직계비속을 제외하고, 수증자를 기준으로 4촌 이내의 혈족과 3촌 이내의 인척을 말합니다.

자녀를 위한 증여 플랜, 태어나자마자 세워보자

자녀에게 증여하는 상황에서 증여재산공제 5,000만 원을 최대한 활용하려면, 자녀가 태어나자마자 증여를 시작해야 합니다. 출생 직후부터 현금 증여 계획을 세워 10년마다 증여한다면 세금을 전혀 납부하지 않고도 1억 4,000만 원의 증여가 가능하거든요. 반면 자녀가 성인이 되어 결혼할 무렵인 30세에 이르러서야 한꺼번에 증여한다면 약 900만 원의 증여세를 납부해야 합니다.

증여재산공제를 적용할 때는 하나 더 주의할 부분이 있습니다. '동일 증여자 그룹'에 속할 경우 증여재산공제가 한 번만 적용된다는 점입니다. 예컨대 수증자인 A씨가 있을 때, A씨의 아버지와 어머니, 친할아버지와 친할머니, 외할아버지와 외할머니는 모두 A씨에게 '하나의 그룹(직계존속 그룹)'으로 계산됩니다. A씨는 이들 모두의 증여분에 대해 10년간 합산 5,000만 원까지만 공제받을 수 있는 겁니다.

| 10년마다 증여 vs. 한 번에 증여 |

구분	10년마다 증여한다면				한 번에 증여한다면
	1세	11세	21세	31세	31세
증여재산 가액	2,000 만 원	2,000 만 원	5,000 만 원	5,000 만 원	1억 4,000만 원
- 증여재산 공제	2,000 만 원	2,000 만 원	5,000 만 원	5,000 만 원	5,000 만 원
과세표준	-	-	-	-	9,000 만 원
× 세율					10%
산출세액					900만 원
- 신고세액 공제					27만 원
납부할 세액	없음				873만 원

구체적인 사례로 알아보는
증여재산공제

더 확실한 이해를 위해 행복한 상상을 해볼까요? 여러분이 최근 10년 내에 아버지와 어머니, 친할아버지, 외할머니로부터 총 5억 원을 증여받았다고 가정해봅시다.

앞서 살펴봤듯이 아버지와 어머니는 '동일인'으로 계산되니, 어머니로부터 증여받을 때는 아버지에게 증여받은 1억 원을 가산한 후 증여재산공제액은 5,000만 원만 적용받습니다. 그렇다면 여러분이 이후 10년 이내에 다시 친할아버지로부터 1억 원을 증여받을 경우 증여세는 어떻게 계산될까요? 부모님과 친할아버지는 '동일인'이 아니므로 증여받은 돈을 합산해서 계산하지는 않습니다. 하지만 부모님과 동일한 '증여자 그룹'에 속하기에 증여재산공제액 5,000만 원을 다시 적용받는 일은 불가능합니다. 외할머니에게 증여받는 경우도 동일하죠.

고모나 삼촌에게 증여받는 경우에는 '기타 친족 그룹'에 속하므로, 10년간 증여재산공제액 1,000만 원을 (고모·삼촌을 포함한 기타 친족 그룹을 통틀어) 단 한 번만 적용받을 수 있습니다.

| 5억 원을 증여받을 때, 증여세는? |

상황	10년 내에 총 5억 원을 증여받음	아버지: 1억 원	어머니: 1억 원
		친할아버지: 1억 원	외할머니: 2억 원

	아버지의 증여분	어머니의 증여분
증여재산가액	1억 원	2억 원 (아버지의 1억 원과 합침)
- 증여재산공제	5,000만 원	5,000만 원 (아버지와 공제금액 공유)
과세표준	5,000만 원	1억 5,000만 원
× 세율	10%	20%
산출세액	500만 원	2,000만 원

	친할아버지의 증여분	외할머니의 증여분
증여재산가액	1억 원	2억 원
- 증여재산공제	-	-
과세표준	1억 원	2억 원
× 세율	10%	20%
산출세액	1,000만 원	3,000만 원

자녀가 결혼한다면,
절세의 마지막 기회!

자녀가 태어날 때부터 증여 계획을 세우지 못했다 해도 실망하
긴 이릅니다. 자녀가 결혼을 앞둔 상황이라면 세금 없이 증여할
수 있는 기회가 남아 있어요. 바로 **혼인·출산 증여재산공제**를 활
용하는 방법입니다.

'혼인·출산 증여재산공제' 제도는 2024년부터 결혼과 출산을
장려하기 위해 시행되었습니다. 혼인신고일 전후 2년 내에 직계
존속(부모 또는 조부모)으로부터 증여받은 재산은 1억 원까지 공
제받을 수 있습니다. 즉 혼인하는 자녀에게 부모가 증여하는 경
우, 기존의 5,000만 원에 1억 원을 추가공제해 1억 5,000만 원까
지는 증여세 없이 증여가 가능합니다. 부부가 각각 증여받으면

양가로부터 총 3억 원까지는 세금 없이 출발 자금을 받을 수 있는 겁니다.

자녀가 출산을 하는 경우에도 마찬가지입니다. 출생신고일 또는 입양신고일로부터 2년 이내에 직계존속에게 증여받은 재산은 1억 원을 공제해줍니다.

단, 혼인·출산 증여재산공제는 평생 단 한 번만 적용받을 수 있습니다. 일반적인 증여재산공제는 '10년간 5,000만 원'이지만, 혼인·출산 증여재산공제의 기간 기준은 '평생' 동안입니다. 초혼이든 재혼이든, 첫째 아이든 둘째 아이든 수증자를 기준으로 1억 원만 공제받는 게 가능해요. 또 혼인과 출산에 각각 적용하는 것이 아니라 혼인증여와 출산증여를 통틀어 총 1억 원만 공제받을 수 있죠.

혼인·출산 증여재산공제를 적용할 땐, 법에서 정한 재산을 제외하고는 증여받는 재산의 종류에 특별한 제한을 두지 않습니다. 따라서 증여받는 재산이 반드시 현금일 필요는 없습니다. 부동산이나 주식 등을 받아도 공제 적용이 가능합니다.

하지만 법에서 정한 특정 증여재산에 대해서는 공제를 적용받을 수 없습니다. 예를 들어 결혼 전에 부모님께 급하게 결혼 자금을 빌린 후, 결혼하면서 빌린 돈을 '안 갚기로 하고' 혼인·출산 증여재산공제를 적용받는 식의 활용은 불가능합니다. 세법에서는 채무 면제 또는 변제를 받아 얻은 이익 등에 대해서는 이 공제를 적용할 수 없다고 명확히 정해두고 있습니다.

만약 증여받은 후 2년 내에 혼인신고를 하지 않고 파혼하게 되었다면 어떻게 될까요? 증여일로부터 2년이 지난 후 3개월 이내에 수정신고를 해야 합니다. 즉 증여 당시의 재산가액에서 기본적인 증여재산공제액 5,000만 원만 공제하는 것으로 정정해 증여세를 다시 신고·납부해야 하죠.

이 기한 내에 수정신고를 하면 가산세는 부과되지 않습니다. 증여세액에 미납 기간 일수와 22/100,000을 곱해 계산하는 **이자상당액**만 추가로 납부하면 됩니다. 예컨대 증여세율 20%를 적용받은 경우라면, 대략 공제받은 1억 원의 20%인 2,000만 원과 현행 이자율 약 8%를 적용한 이자상당액 320만 원을 더해 총 2,400만 원 정도를 추가로 납부하게 됩니다. 이 기한이 지나면 가산세까지 붙으니, 아픔을 잠깐 누르고 증여세 수정신고부터 챙겨야겠죠.

다만 어쩔 수 없는 사정으로 혼인이 무효가 되었다면 세금에 이자상당액까지 부담하는 일이 너무 가혹하게 느껴질 수 있습니다. 그래서 약혼자의 사망이나 민법 제804조에서 정한 약혼 해제 사유 또는 국세청장이 인정하는 기타 중대한 사유처럼 부득이한 사정으로 혼인이 무효가 되어 증여재산을 반환했다면 처음부터 증여가 없었던 것으로 쳐서 증여세를 부과하지 않습니다. 단, 이때는 그러한 사유가 발생한 후 3개월 이내에 해당 증여재산을 증여자에게 반환해야 합니다.

혼인·출산 증여재산공제, 사후관리도 꼼꼼해야 한다

어느 날 저는 잠실세무서 재산세과로부터 전화 한 통을 받았습니다. 2024년에 신고한 증여세에 대해서 추가 자료를 제출하라는 연락이었습니다. 해당 납세자는 증여세 신고 당시 결혼을 앞둔 30대 남성분이었어요. 아버지로부터 아파트를 증여받고 혼인·출산 증여재산공제 1억 원을 공제받아 신고한 케이스였습니다.

세무서는 혼인·출산 증여재산공제를 적용받았으니 혼인관계증명서 등 관련 증빙을 제출하라고 알려왔습니다. 그런데 사정을 알아보니, 안타깝게도 납세자분 아버지의 건강이 갑자기 악화되어 결혼식이 미뤄졌고 아직 혼인신고도 하지 않은 상태였습니다. 이럴 때는 어떻게 대처해야 할까요?

우선은 기간을 확인해야 합니다. 혼인·출산 증여재산공제는 혼인신고일 전후 2년 이내에 증여한 재산에 대해 적용되거든요. 만약 2024년 6월에 증여를 했다면 2026년 6월까지만 혼인신고를 하면 공제받는 데 전혀 문제가 없습니다. 당시는 2025년 여름이었습니다. 저는 세무서에 사정을 이야기하고, 기한 내에 혼인신고를 마칠 예정이며 추후에 혼인관계증명서도 꼭 제출하겠다고 알리며 사건을 일단락했습니다.

이처럼 혼인신고 전 혼인·출산 증여재산공제를 적용해 증여세를 신고했다면 사후관리의 대상이 됩니다. 이 점을 염두에 두고 공제를 챙겨야 합니다.

결혼식 축의금으로
차를 사도 될까?

우리 세법에서는 생활과 관련한 금전 거래를 볼 때 기념품·축하금·부의금·학자금·장학금 등의 금품이나 기타 유사한 금품으로 통상 필요하다고 인정되는 금품에 대해서는 증여세를 부과하지 않습니다. 그렇다면 '통상 필요하다고 인정되는' 범위는 어디까지일까요? 또 사회 통념상 타당한 범위의 금액은 얼마일까요?

특히 많이들 궁금해하시는 부분은 바로 축의금입니다. 국세청은 결혼할 때 받는 축의금은 특별한 사정이 없는 한 혼주인 부모에게 귀속되는 것으로 봅니다. 따라서 혼주가 받은 축의금을 자녀 명의의 재산취득자금으로 사용한다면 증여세 과세 대상이 됩니다. 하지만 해당 축의금이 '혼주가 아닌 혼인 당사자와의 관계에 따라 받은 것'임을 입증하면 과세 대상에서 제외될 수 있습니다.

이때 축의금의 귀속은 축의금을 지급한 사람별로 구분해서 판단하는데요. 입증 자료로서 축의금대장 등이 사용됩니다. 즉, 축의금을 자녀의 신혼집이나 차량 구입 등 재산취득자금 출처로 사용하기 위해서는 결혼 시 청첩장 명단과 축의금 명세를 통해 축의금이 결혼 당사자에게 직접 귀속된다는 사실을 적극적으로 입증할 수 있어야 합니다. 꼼꼼한 준비가 필요한 영역이죠.

결혼 때 오가는 예물과 혼수도 축의금과 마찬가지입니다. 사회 통념상 타당하다고 인정되는 부분까지는 증여세가 과세되지 않습니다. 다만 '어디까지가 사회 통념상 타당한가'의 기준은 항상 문제입니다. TV·냉장고·세탁기 같은 가전제품은 당연히 신혼 살림을 꾸리는 데 필요하다고 인정될 겁니다. 다만 고가의 슈퍼카를 구입했다면 일반적인 경우는 아니므로 증여세 과세 대상이 될 수 있습니다.

개인별 생활수준이나 경제적 능력에 따라 인정할 수 있는 범위가 다르기 때문에 특정 금액을 기준으로 잡기는 어렵습니다. 다만 통상적으로 나와 제3자 모두에게 받아들여질 정도의 수준을 생각하면 가늠이 쉬울 겁니다.

생활비로 준 돈인데,
증여세를 내야 한다고?

"소득이 없는 대학생 딸에게 생활비와 학비를 지원해주고 있습니다. 이것도 증여일까요?"

"혼자 유학 중인 손자에게 학비를 보내주고 싶은데, 증여세 부과 대상일까요?"

제가 증여 상담을 할 때 가장 많이 듣는 질문들입니다. 본격적인 이야기를 시작하기 전, 제 학창 시절을 좀 돌아볼까요? 저는 대학생 때 과외를 하며 용돈을 벌곤 했습니다. 하지만 세무사 시험을 준비하면서는 부모님께 생활비와 학비 등을 전액 지원받았습니다. 용돈과 학원비, 교재비까지 합치면 적잖은 금액이었습니

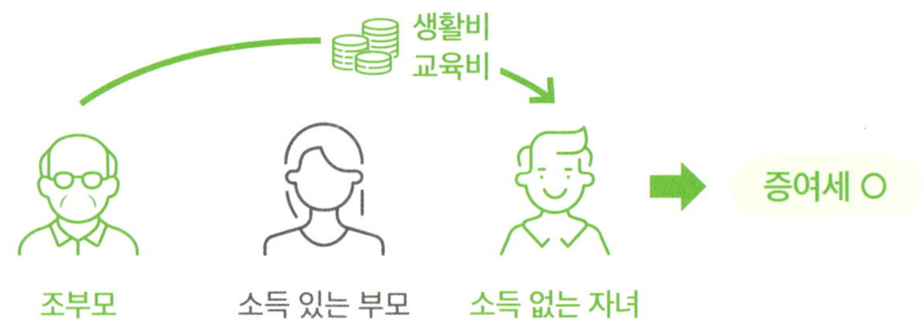

다. 그런데 그때 제가 증여세를 내지는 않았거든요.

저는 그 돈을 받아서 생활비와 학원비 등으로 모두 지출했습니다. 돈을 모아 투자를 하거나 자산을 취득하지 않았죠. 세법에서도 이 부분이 관건이 됩니다. 생활과 학업을 위해 지원받고 지출한 금액은 세법에서도 증여로 보지 않습니다.

하지만 제가 매월 500만 원을 지원받았다면 이야기가 달라집니다. 매월 500만 원씩 1년이면 총 6,000만 원이고, 그럼 증여재산공제액 5,000만 원마저 초과하는 수준이니까요. 즉 제가 생활비 등으로 쓰고 남은 돈을 예금으로 모으거나, 부동산 등의 자산을 취득하는 데 활용하거나, 주식 같은 금융자산에 투자했다면 증여세 과세 대상이 될 수 있습니다.

그렇다면 손자녀가 해외 유학 중일 때, 조부모가 손자녀에게 생활비나 학비를 송금해주는 경우는 어떨까요? 자산을 불리는

데 쓰지 않고, 오롯이 손자녀의 생활비나 학비로 지출했다면 증여에서 제외될 수 있을까요?

그러나 국세청은 소득이 있는 부모가 존재함에도 부양의무가 없는 조부모가 손자녀의 생활비나 교육비를 대신 부담하는 상황을 비과세로 인정하지 않습니다(국세청 재산세과 해석, 2008.12.10). 해당 손자녀에 대한 부양의무는 기본적으로 부모에게 있다는 겁니다. 즉 부모가 지원하는 생활비와 학비는 증여세 대상이 아니지만, 소득이 있는 부모 외에 조부모가 금액을 지원한다면 학비나 생활비 명목이라 해도 증여로 간주됩니다.

# 자취방 보증금으로
빌린 돈에도 증여세가 붙을까?

"갓 성인이 된 아들이 대학 진학으로 혼자 상경하게 되었습니다. 마땅한 돈이 없어 저희 부부가 자취방을 구해줬어요. 혹시 자취방 전세금에도 증여세가 붙나요?"

이제 막 스무 살이 된 자녀가 타지에서 혼자 생활하게 되었는데, 부모님 도움 없이 시작하기는 어렵겠죠? 일반적으로 작은 규모의 전월세 정도는 사회 통념상 적정하다고 판단되어 증여로 보지는 않습니다.

하지만 자녀가 더 편하게 생활할 수 있도록 3억 원짜리 전셋집을 마련해줬다고 생각해볼까요? 물론 전셋집을 구했다고 해서 세무서에서 바로 연락이 오지는 않습니다. 문제는 나중에 전세금을 자녀의 계좌로 돌려받고, 그 돈으로 자녀가 새 집을 구입하는 시점입니다. 이때는 국세청의 레이더에 포착될 수 있습니다.

최근 주택 관련 규제가 강화되면서, 주택 가격 급등이나 투기 수요로 청약 경쟁이 과해진 지역을 '투기과열지구'로, 분양·매매가 과열되거나 반대로 거래가 지나치게 위축된 지역을 '조정대상지역'으로 지정해 관리하고 있습니다. 이러한 지역에서 주택을 구입하거나 매매가액 6억 원 이상의 주택을 구입하는 경우에는 **주택취득자금 조달계획서**를 반드시 제출해야 하는데요. 이 서류에는 '주택을 사는 돈이 어디서 났는지'를 기입하는 항목이 있습니다. 이때 자녀가 (부모님이 마련해준 기존의 전셋집 보증금인) 3억 원을 신규 주택 취득자금의 일부로 기입하면, 국세청도 3억 원의 존재를 인지하게 됩니다.

문제는 자녀의 소득수준입니다. 자녀의 소득수준이 전세금 3억 원을 마련할 만큼 충분하지 않을 땐 국세청은 이를 증여로 의심합니다. 여기서 알아둬야 할 개념이 바로 국세청의 **PCI 시스템(소득지출분석 시스템)**입니다. 국세청이 증여를 의심하는 첫 단계는 바로 '이 사람이 실제로 이 집을 취득할 만한 경제력이 있는지'를 확인하는 일인데요. 만약 직장인이라면 지금까지 벌어들인 근로소득, 신용카드 사용액 등의 지출 금액, 차량이나 부동산 등의 자산 취득 현황을 종합해봅니다. 집을 살 여력이 되는지, 기존 전세금 3억 원을 조달할 만한 힘이 있는지 검토하는 겁니다.

자산Property, 소비Consumption, 수입Income.

PCI는 이런 의미입니다. 내가 벌어들인 수입으로 자산을 취득하고 소비로 지출한 금액이 일치해야 한다는 뜻이에요. 'P+C=I'가 성립해야 합니다.

그런데 재산증가액과 소비지출액이 수입보다 더 크다면 어떻게 될까요? 차액은 증여받았거나 신고소득을 누락해 세금을 탈루한 부분이 아닐까 의심을 사겠죠. 그래서 자금출처의 소명을 요구하는 겁니다. 이때 소명이 제대로 이뤄지지 못하면 세무조사로 전환될 수 있고, 증여세나 소득세가 추징될 수 있습니다.

| **PCI의 의미와 계산법** |

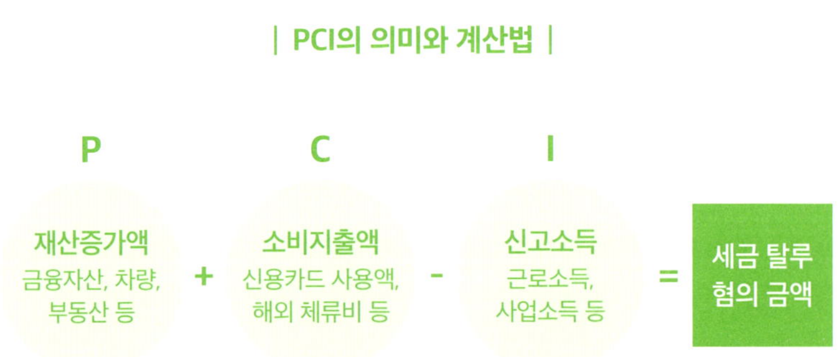

"증여가 아니라, 빌린 돈이에요!"

해당 금액이 증여가 아니라 '빌린 돈'이라는 주장이 받아들여지려면 전세금을 빌린 당시에 부모와 자녀 간에 차입 금액, 차입 기간, 이자율 등을 정한 차용증을 작성해야 합니다. 당연히 실제로 이자를 지급하고 차입 기간이 끝나면 원금 상환도 해야 하죠.

국세청은 원칙적으로 가족 간의 금전대차거래를 인정하지 않는다는 입장입니다. 다만 실제로 금전소비대차계약에 따라 자금을 차입해서 사용하고, 채무자가 실제로 이자와 원금을 변제하는 증빙과 능력을 갖췄다면 증여로 보지 않습니다.

나아가 부모로부터 증여받고 차용증만 쓰면 증여세를 피할 수 있다고 생각하는 분도 많은데요. 가족 간 금전 거래는 국세청의 입장을 이해하며 주의를 기울여야 합니다. 특히 부동산을 취득하며 제출하는 자금조달계획서에 차입으로 금전대차거래를 신고한다면, 채무 상환 여부가 국세청의 사후관리 대상이 되니 신경을 쓸 필요가 있습니다. 차용증을 작성하고 이자를 지급했다해도 자녀가 미성년인 경우 혹은 소득이 없는 경우에는 이자와 원금을 상환할 능력이 없다고 보고 증여로 과세하는 사례도 많습니다.

한편, 증여로 판단되더라도 증여세를 과세하지 않는 범위가

있습니다. 연간 증여이익이 1,000만 원을 초과하지 않으면 증여세를 과세하지 않는데요. 세법에서는 이를 **금전무상대출에 따른 이익의 증여**라고 규정합니다. 타인으로부터 금전을 무상 또는 적정이자율보다 낮은 이자율로 대출받았다면 위의 표에 따라 계산한 금액을 증여재산가액으로 평가하는 식이죠.

여기서 적정이자율은 기획재정부령으로 정하는 당좌대출이자율을 말하며, 현행 기준 4.6%입니다. 이 계산의 논리는 명확합니다. 부모와 자녀 사이가 아니라 제3자 간이었다면 빌린 돈에 대한 이자를 지급했을 것이므로, 우선은 세법에서 정한 적정이자율을 적용한 금액을 구하는 거예요. 이후 (실제로 지급한 이자가 있다면) 그 이자를 차감한 후의 금액만큼 이익을 얻은 것으로 보고 증여세를 과세합니다.

앞서 언급한 3억 원짜리 전셋집의 사례를 다시 놓고 계산해볼까요? '대출 금액'에 해당하는 전세금은 3억 원입니다. 적정 이자율은 4.6%, 실제로 지급한 이자는 없어 0원이죠. 계산하면 1,380만 원이 나옵니다. 연간 증여이익의 한도인 1,000만 원을 초과한 것이니, 이는 증여에 해당해 과세 대상이 됩니다.

# 증여공제와 상속공제, 어떤 차이가 있을까?

아직도 많은 분들이 이런 고민을 거듭합니다. 한 번 삐끗했다 세금 폭탄을 맞는 건 아닐지, 자녀들에게 재산을 어떻게 분배해야 하는지 등 걱정이 이만저만이 아니죠. 하지만 지금부터 제가 이야기하는 내용을 이해한다면 생각이 달라지실 겁니다. 이제는 '우선 세팅'이 중요하고, 상속을 증여로 전환해가야 하는 시기입니다.

우선 증여공제와 상속공제를 비교해봅시다. 30세인 부모가 자녀를 출산하고 100세까지 산다고 가정했을 때, 10년마다 총 8번의 '증여 찬스'가 돌아와요. 자녀가 30세 무렵 결혼을 한다면 1억 원을 추가로 증여할 수 있고요. 이렇게 계산하면 부모가 평생 동안 세금 없이 자녀에게 증여할 수 있는 금액은 4억 4,000만 원이 됩니다.

반면 상속으로 일시에 재산을 물려줄 때는 일괄공제 5억 원에 더해, (상속재산이 금융재산인 경우) 2억 원 한도 내에서 금융재산가액의 20%를 공제받을 수 있습니다. 즉 상속으로 재산을 물려받을 땐 최소 5억 원까지 세금 없이 이전이 가능합니다.

증여할 때	상속할 때
• 증여재산공제 10년간 5,000만 원 • 혼인·출산 증여재산공제 1억 원	• 일괄공제 5억 원 • 금융재산상속공제 최대 2억 원
총 4억 4,000만 원 공제 가능	총 5억 원(혹은 7억 원) 공제 가능

물려줄 재산이 5억 원 정도라면 굳이 사전증여를 하지 않아도 괜찮습니다. 추후 상속 시 자녀가 상속공제를 적용해 세금 없이 물려받을 수 있으니까요. 하지만 재산 규모가 더 크다면 사전증여를 통해 재산을 분산해 이전하고, 남은 재산을 상속으로 처리해 상속공제까지 적용받는 편이 세금을 최소화하는 방법입니다.

상속세와 증여세 모두 동일한 누진세율 구조이므로 재산가액이 높을수록, 또 재산을 한꺼번에 증여하거나 상속할수록 더 많은 세금을 부담하게 됩니다. 이해를 위해 부모가 자녀에게 금융재산 15억 원을 물려준다고 가정해봅시다. '15억 원을 상속으로 일시에 물려주는 것'과 '5억 원은 미리 증여하고, 남은 10억 원을 상속으로 물려주는 것'의 세금을 비교해보면 누진세율의 구조를 체감할 수 있습니다. 수천만 원의 세금 차이가 나거든요.

| 현금 15억 원을 한 번에 상속받을 때, 세금은? |

상속재산가액	15억 원
- 일괄공제	5억 원
- 금융재산상속공제	2억 원
과세표준	8억 원
× 세율	30%
산출세액	1억 8,000만 원

| 5억 원을 미리 증여하고 남은 10억 원을 상속할 때, 세금은? |

5억 원 미리 증여		남은 10억 원은 상속	
증여재산가액	5억 원	상속재산가액	10억 원
- 증여재산 공제액	5,000만 원	- 일괄공제	5억 원
		- 금융재산 상속공제	2억 원
과세표준	4억 5,000만 원	과세표준	3억 원
× 세율	20%	× 세율	20%
산출세액	8,000만 원	산출세액	5,000만 원

가치를 만드는
사전증여

사실은 4050세대야말로 돈이 가장 필요하고 부모의 도움이 절실한 그룹입니다. 자녀의 등록금을 마련하고 취업할 때까지 부양해 결혼도 시켜야 하죠. 그뿐만 아니라 주택담보대출의 만기는 10년도 더 남았을 겁니다. 이런 상황에서 4050세대인 자녀에게 상속을 통해 재산을 물려주는 것은 큰 도움이 되지 못해요. 상속이 개시되면 자녀 역시 70대가 다 되어갈 테니, 자녀가 자신의 자녀에게 재차 상속을 해야 하는 상황이 발생할지 모릅니다.

또 중요한 한 가지, 화폐가치의 변화도 생각해야 합니다. 현재의 5,000만 원과 10년, 20년 뒤의 5,000만 원은 똑같은 5,000만 원이 아니라는 뜻입니다. 그러니 오히려 복리 효과를 노려야 합니다. 5,000만 원을 지금 빠르게 증여하면 자녀가 다양한 방법으로 복리의 가치를 창출할 수 있을 거예요. 시간이 지날수록 원금에 일정 수익률로 이자가 붙고, 그 이자에 다시 이자가 붙고……. 마치 재투자처럼 자산이 증식되어 갈 겁니다.

시간, 원금, 수익률. 셋 중에서 부모는 원금(돈)을 가졌고 자녀는 시간밖에 가진 것이 없다면, 하루라도 빨리 증여를 고려하는 것이 안전합니다.

용돈 대신 적금으로 증여하는 방법, 유기정기금의 비밀

일정한 금액을 정기적으로 증여할 수도 있습니다. 자녀 명의로 적금을 들어주는 방법이 대표적입니다. 이를 '적립식 증여'라고도 부르는데요. 목돈을 일시에 증여하는 것보다 부담을 줄일 수 있습니다.

자세히 알아볼까요? 이는 상속세 및 증여세법에서 정한 **유기정기금** 평가 방법을 이용해 증여하는 방법입니다. 일정 기간 매월 일정한 금액을 정기적으로 증여하는 경우, 연 3%의 할인율을 적용한 가액을 증여재산가액으로 삼아 증여세를 계산해주거든요. 현재의 화폐가치와 10년 후의 화폐가치는 당연히 다를 것이기에, 미래에 떨어질 화폐가치만큼을 증여재산가액 평가에 반영

각 연도에 받을 정기금액
―――――――――――――――――――――
(1 + 보험회사의 평균공시이율 등을 고려하여
기획재정부령으로 정하는 이자율)^n

n: 평가기준일부터의 경과연수

해주는 원리입니다.

공식은 다소 어려워 보이지만 실제 계산은 간단합니다. 우선 자녀의 명의로 매월 50만 원씩 10년간 자동이체 적금을 한다고 가정해봅시다. 매월 50만 원씩 10년간 증여하는 총액은 6,000만 원이지만, 3%의 할인율을 적용하면 약 5,178만 원이 됩니다.

여기에 증여재산공제액 5,000만 원만큼 공제하고, 남은 178만 원에 10%의 세율을 적용하면 끝이에요. 약 17만 원 정도의 증여세만 내고도 명목상 6,000만 원을 증여하는 게 가능합니다. 6,000만 원을 일시에 증여할 때의 증여세인 100만 원과 확연한 차이가 납니다.

단 유기정기금 증여 시에도 유의해야 할 사항들이 있습니다. 먼저, 유기정기금 증여는 최초 입금일을 증여일로 봅니다. 따라서 정기금의 최초 입금일이 속하는 달의 말일로부터 3개월 이내에 증여세 신고를 해야 합니다. 이렇게 증여세를 납부한 후에는

| 매월 50만 원씩 증여 vs. 일시금 6,000만 원 증여 |

구분	유기정기금 평가 방법으로 매월 50만 원씩 증여	일시금 증여
증여재산가액	5,178만 원	6,000만 원
- 증여재산공제액	5,000만 원	5,000만 원
과세표준	178만 원	1,000만 원
× 세율	10%	10%
증여세액	17만 원	100만 원

특정한 이유로 자녀에게 더 이상 정기금을 이체하지 않더라도 이미 납부한 증여세를 돌려받을 수 없습니다. 따라서 정기금 증여 계획을 안정적으로 실행할 수 있는지를 우선 고려해야겠죠.

이는 자녀가 성인이 되어 당장 목돈을 필요로 하는 경우에는 효과를 보기 힘든 방법입니다. 미성년인 자녀에게 장기적인 증여 계획을 안정적으로 실행하고자 할 때 활용하는 편이 효과적입니다.

큰돈도 아닌데,
설마 국세청이 알까?

"세무사님, 사실 제가 그렇게 큰돈을 받은 것도 아니잖아요. 꼭 세금을 내야 할까요? 세무서가 알까요?"

부모님께 현금을 받았는데 이 사실을 세무서가 알 수 있는지, 수억 원을 받은 것도 아닌데 꼭 세금을 내야 하는지 궁금해하는 분들이 많습니다. 결론부터 말하면, 부모님께 현금을 받거나 예금으로 이체했을 때 곧바로 세무서가 그 사실을 알고 세금을 부과하지는 않습니다.

하지만 어떠한 이벤트가 발생한다면 이야기는 달라집니다. 대표적으로는 앞서 언급한 주택취득 상황을 꼽을 수 있겠습니다.

즉 주택을 취득하며 그 자금을 어떻게 마련했는지 구청에 신고할 때, 주택취득자금 조달계획서를 통해 부모님께 증여받은 현금의 존재가 드러난다면 증여세 신고를 하지 않은 부분에 대해 추징당할 수 있습니다.

상속 상황에서도 마찬가지입니다. 상속이 개시된 경우, 상속개시일로부터 10년 이내에 상속인에게 증여한 재산은 모두 합산해 상속세를 계산해야 합니다. 이때 세무서는 고인의 10년 이내 금융거래 내역을 조회합니다. 그 과정에서 상속인에게 자금이 이전된 사실이 확인되었음에도 증여세 신고 내역이 없다면 증여세가 추징됩니다. 이럴 때는 원래 내야 했던 증여세에 가산세까지 붙고, 이 증여재산을 다시 상속재산에 합산하면 누진세율이 더 높아지므로 예상했던 세금보다 더 큰 금액을 납부해야 하죠.

증여세 신고, 얼마나 중요할까?

사례를 통해 알아볼까요? 김대감 씨가 사망하며 10억 원짜리 부동산이 상속재산으로 잡혔다고 가정합시다. 상속인은 자녀 두 명이 끝이에요. 증여재산은 상속개시일로부터 2년 전, 첫째에게 입금된 1억 원입니다.

| 증여세 신고를 한 경우, 상속세 계산 |

상속세		증여세	
상속재산가액	10억 원	증여재산가액	1억 원
+ 증여재산가액	1억 원	- 증여재산공제	5,000만 원
- 상속공제액	5억 원	과세표준	5,000만 원
과세표준	6억 원	× 세율	10%
× 세율	30%	산출세액	500만 원
산출세액	1억 2,000만 원		
- 증여세액공제	500만 원		
납부할 상속세	1억 1,500만 원		

| 증여세 신고를 하지 않은 경우, 상속세 계산 |

상속세		증여세	
상속재산가액	10억 원	증여재산가액	1억 원
+ 증여재산가액	1억 원	- 증여재산공제	5,000만 원
- 상속공제액	5억 원	과세표준	5,000만 원
과세표준	6억 원	× 세율	10%
× 세율	30%	산출세액	500만 원
산출세액	1억 2,000만 원	+ 가산세	180만 원
- 증여세액공제	500만 원	납부할 증여세	680만 원
납부할 상속세	1억 1,500만 원		

| 가산세 계산 |

가산세	무신고 가산세 + 납부지연 가산세	
무신고 가산세	무신고 납부세액의 20%	500만 원 × 20% = 100만 원
납부지연 가산세	미납세액 × 미납 기간 × 22 / 100,000	500만 원 × 730일(2년) × 22 / 100,000 = 80만 원

증여세 신고를 했다면 상속인들이 납부할 상속세는 1억 1,500만 원이 전부입니다. 하지만 신고를 하지 않았다면 세금이 눈덩이처럼 불어납니다. 증여 당시 증여세를 납부하지 않고 이후 10년 이내에 상속이 개시되는 경우, 상속재산에 증여재산까지 합산해 상속세를 계산하니까요. 이때 납부하지 않았던 증여세에 가산세까지 붙게 됩니다.

상속이 임박했을 땐,
현금 인출을 조심해야 한다

"슬슬 상속이 걱정되기 시작하는데, 지금이라도 현금 증여를 받으면 상속세를 좀 줄일 수 있지 않을까요?"

저는 부모님이 연로하시거나 병상에 오래 계신 자녀분들과 상속세 상담을 자주 나눕니다. 그때 종종 '지금이라도 미뤄둔 증여를 실행하면 훗날 상속세를 낼 때 세금을 줄일 수 있지 않느냐'고 물으시곤 합니다. 하지만 상속이 임박한 상태에서 사전증여를 하는 일에는 절세 효과가 거의 없습니다. 세금만 미리 내는 격이에요.

앞서 언급했듯 상속세를 계산할 때는 상속개시일로부터 10년 이내에 상속인이 사전에 증여받은 재산을 상속재산가액에 합산합니다. 증여 당시 증여세 신고를 하고 납부까지 마쳤다 해도 마찬가지입니다. 우선은 상속재산가액에 합쳐서 상속세를 계산한 후, 증여 당시 납부한 증여세를 공제해주는 식입니다. 납부한 증여세를 어차피 빼줄 거라면 굳이 왜 합산해서 다시 계산할까요? 증여재산가액을 상속재산가액에 합산해 누진세율을 적용하면 더 높은 세율이 적용되고 국세청이 거두는 세금이 늘어나기 때문입니다.

간단한 예시를 살펴볼까요? 여기 김장남 씨가 있습니다. 장남 씨는 외동이고, 어머니가 돌아가시면서 10억 원짜리 부동산을 상속받았습니다. 또 장남 씨는 몇 년 전에 어머니로부터 현금 1억 원을 증여받은 적이 있어요. 이때의 증여세와 상속세를 비교하면, 누진세율의 결과를 바로 파악할 수 있습니다. 아래 표를 봅시다.

| 장남 씨가 1억 원을 받으며 냈던 증여세 |

증여재산가액	1억 원
- 증여재산공제	5,000만 원
과세표준	5,000만 원
× 세율	10%
납부한 세액	500만 원

| 그렇다면, 장남 씨가 낼 상속세는? |

	상속재산가액에 사전증여분을 합산하는 경우	상속재산가액에 사전증여분을 합산하지 않는 경우
상속재산가액	10억 원	10억 원
+ 증여재산가산액	1억 원	-
- 상속공제액	5억 원	5억 원
과세표준	6억 원	5억 원
× 세율	30%	20%
산출세액	1억 2,000만 원	9,000만 원
- 증여세액공제	500만 원	-
납부할 세액	1억 1,500만 원	9,000만 원

중요하게 짚어야 할 부분은 바로 세율입니다. 부동산 10억 원에 대해서만 상속세를 계산하면 20%의 세율이 적용되지만, 사전증여한 1억 원이 합산되는 순간 상속세의 과세표준이 6억 원으로 변하면서 적용되는 세율이 30%로 높아지거든요. 자연히 상속세도 1억 1,500만 원으로 증가하고요. 총 세금을 비교하면, 사전증여한 1억 원을 합산해 상속세를 계산하는 경우 장남 씨는 세금을 2,500만 원 더 내게 됩니다.

상속인이 아닌 제3자에게 증여했다 해도 마찬가지예요. 이 경우 5년 이내의 증여분이 상속재산가액에 가산됩니다. 이는 생전에 재산을 여러 사람에게 미리 나눠 증여함으로써 상속 시의 누진세율을 피하는 플랜인 '분산 증여'를 방지하기 위한 조치입니다.

결국 우리는 어떻게든 누진세율을 피해 낮은 세율을 적용받으려 하고, 국가는 어떻게든 과세 기반을 확보하려 애쓰는 구조입니다. 이런 상황에서는 장기적이고 계획적인 전략 수립이 필요합니다. 하루라도 빨리 증여 플랜을 세우는 것이 미래의 상속세 부담을 덜어내는 가장 현명한 방법입니다.

아무도 행방을 모르는 돈이
세금으로 돌아오는 순간

"너무 억울해요. 그 돈은 진짜 제가 가져간 게 아니거든요. 그런데
왜 제가 세금을 내야 하죠?"

상속세 신고 과정에서 상속인들이 가장 억울해하는 때가 있습
니다. 바로 '상속이 개시되기 전 고인의 계좌에서 출금된 금액 중
에서 그 사용처가 확인되지 않는 일정 금액'을, 상속재산에 포함
시켜 상속세를 부과하는 순간입니다. 즉 이미 출금되어 없는 현
금을 상속인이 가져갔다고 보고 상속세를 납부하라는 말입니다.

세금에도
'추정'이 있다

조금 어려운 이야기를 해볼까요? 증여상속에는 '추정'이라는 개념이 쓰입니다. 상속세의 경우 **추정상속재산**으로, 증여세의 경우 **증여추정**으로 등장하죠. 추정의 사전적 의미는 '확실하지 않은 사실을 그 반대 증거가 제시될 때까지 진실한 것으로 인정하여 법적 효과를 발생시키는' 일입니다. 그러니까 추정상속재산은 상속재산인지 아닌지 확실하지는 않지만, 반증이 없는 한 일단은 상속재산으로 보겠다는 의미입니다. 상속재산이 아니라면 상속인이 그 증거를 제시해야 합니다.

추정상속재산의 구조 자체는 간단합니다. 재산 종류별 처분 금액이나 채무 부담 합계액 중에 '용도가 불분명한 금액'이 상속 개시일로부터 1년 내에 2억 원 이상인 경우 혹은 2년 내에 5억 원 이상인 경우 추정상속재산으로 보고 상속재산에 합산해 상속세를 부과합니다.

여기서 '재산 종류별'을 따질 땐 현금·예금·유가증권을 묶어서 한 종류로 보고, 부동산과 부동산에 관한 권리를 묶어서 다른 한 종류로 봅니다. 즉 예금 계좌에서 출금된 금액과 주식 계좌에서 출금된 금액을 합쳐 1년 내 2억 원, 2년 내 5억 원의 기준을 적용하는 겁니다.

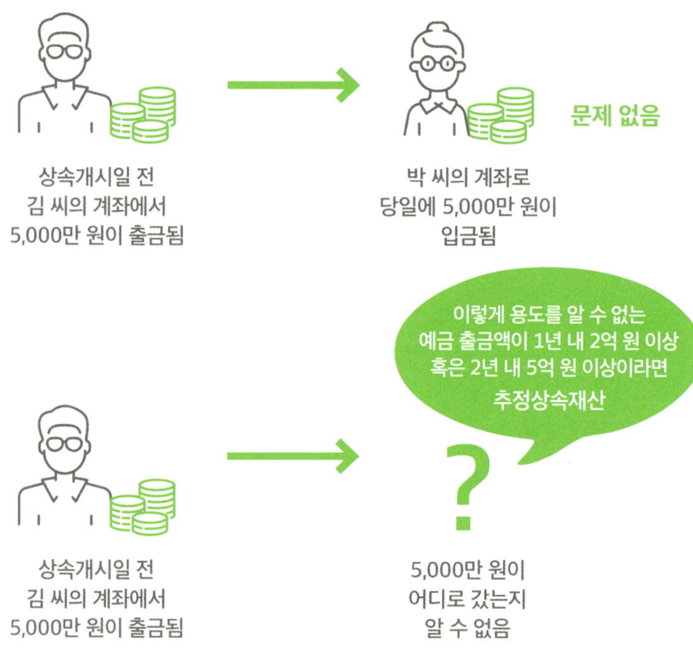

 '용도가 불분명한'이라는 표현은 정확히 어떤 의미일까요? 고인이 돌아가시기 전에 계좌에서 현금을 인출했는데 누구에게 지급했는지, 왜 지급했는지 등이 확인되지 않는 상황을 의미합니다. 또 고인이 부동산을 처분했는데 그 처분 대금이 고인의 계좌로 입금되지 않았거나 다른 재산을 취득한 것으로 확인되지 않는 경우에도 해당 부동산 처분 금액을 용도가 불분명한 금액으로 추정해요.

가끔은 이런 상황도 발생합니다. 고인의 계좌에서 인출된 금액을 A라는 사람에게 지급했다고 소명을 진행했는데, 정작 A씨가 돈을 받은 적이 없다며 이를 부인하는 겁니다. 아니면 A씨의 재산 상태 등을 고려했을 때 도저히 해당 금액을 받은 것으로 인정되지 않을 때도 '용도가 불분명한 금액'이 됩니다.

헌데 고인이 돌아가시기 전에 인출한 현금을 어디에 썼는지, 상속인들이 낱낱이 아는 방법이 세상에 있을까요? 아무리 사이 좋은 가족이라도 서로가 돈을 어디에 어떻게 썼는지 일일이 공유하는 집은 드물겠죠. 이런 상황에서 1~2년 전에 부모님이 인출한 현금을 어디에 썼는지 상속인에게 입증하라고 하니 납세자들은 답답할 수밖에요.

만약 이 5,000만 원이 상속인의 계좌로 입금되었다면 사전증여재산으로 쳐서 상속재산에 가산됩니다. 사전증여 당시 증여세 신고를 하지 않았다면 증여세 신고를 마친 후 세금을 납부해야 합니다. 이때는 무신고 가산세와 납부지연 가산세가 함께 부과됩니다.

물론 납부한 증여세는 상속세에서 증여세액공제로 차감해주긴 해요. 하지만 증여세 신고를 하지 않으면 가산세 부담까지 생기는 셈이니, 기한에 맞춰 신고·납부하는 편이 불필요한 지출을 줄이는 방법입니다.

할아버지에게 상속을 받으면
세금 폭탄이 떨어진다?

수많은 상속세 신고 업무를 해온 저에게도 유독 기억에 남는 사례가 있습니다. 잠깐 소개해볼게요. 여든이 넘은 고인의 상속재산은 예금과 부동산을 합쳐 수십억 원이었고, 상속인은 자녀 세 명이었습니다. 상속세 상담을 의뢰해온 분은 친손자였어요. 고인은 돌아가시기 2년 전에 사전증여와 유언 등을 통해 상속재산의 80% 이상을 이 친손자에게 이전해둔 상황이었습니다.

상속세를 계산할 때 적용할 수 있는 상속공제는 일괄공제 5억 원과 금융재산상속공제 한도 2억 원으로 총 7억 원입니다. 하지만 이 사연에서는 결과적으로 3억 원 정도밖에 공제받을 수 없었습니다. 어떻게 된 일일까요?

| 상속공제 종합한도의 공식 |

공제부터 짚어봅시다. 상속세에서 세금을 줄여주는 가장 큰 요소는 바로 상속공제입니다(290쪽 참고). 상속받은 재산가액에서 일괄공제·배우자상속공제·동거주택상속공제·금융재산상속공제 등을 적용한 후의 과세표준에 세율을 적용하므로 상속공제는 매우 중요합니다.

유의할 점은 '각 공제 항목별'로도 한도가 존재하지만, 이 상속공제들을 모두 합친 전체 금액에 대해서도 한도가 존재한다는 사실입니다. 이를 **상속공제 종합한도**라고 부릅니다. 특히 상속재산에 합산되는 사전증여재산이 많거나 상속인 외의 사람이 상속을 받는 경우 이 한도가 달라질 수 있어 주의해야 합니다.

상속공제 종합한도를 구하기 위해서는 우선 상속세 과세가액에서 선순위 상속인이 아닌 사람이 유언으로 상속받은 가액, 혹은 선순위 상속인이 상속을 포기함으로써 다음 순위의 상속인이 받은 가액을 제외해야 합니다. 여기에 상속인에게 10년 이내 증여한 재산과 상속인 외의 자에게 5년 이내 증여한 재산을 더하면 됩니다. 참고로, 상속세 과세가액은 총상속재산에서 공과금·장례비용·채무를 뺀 후 10년·5년 내 증여분을 다시 더해 산정합니다.

이번 사례에서 선순위 상속인은 자녀 세 명이고, 친손자는 상속인 외의 자에 해당하죠. 상속재산의 80%를 '상속인 외의 자'에게 '유증 및 사전증여'를 통해 상속했기 때문에, 상속공제 종합한도가 크게 줄어듭니다.

더 쉬운 이해를 위해 상속세 과세가액이 50억 원이고 이 재산을 모두 친손자에게 주기로 유언을 남겼다고 가정해봅시다. 이때는 상속공제 종합한도가 0이 됩니다. 일괄공제나 금융재산상속공제 등 그 어떤 상속공제도 적용받을 수 없어요.

50억 원(상속세 과세가액)

－ 50억 원(선순위 상속인이 아닌 자에게 유증한 재산가액)

＝ 0원(상속공제 종합한도)

사전증여를 한 경우도 마찬가지입니다. 상속개시일로부터 10년 이내에 상속인에게 사전증여한 재산가액과 5년 이내에 상

속인 외의 자에게 사전증여한 재산가액은 상속세 계산 시 합산
됩니다. 다만 상속공제 종합한도에서는 차감되기 때문에 상속공
제가 가능한 금액은 줄어들고 상속세는 더 늘어나죠.

이는 제가 '자녀에게 증여는 빠를수록 좋다'고 수차례 강조한
이유이기도 합니다. 상속재산으로 합산되지 않도록, 상속이 개
시되기 훨씬 전부터 미리 증여하는 계획이 꼭 필요해요.

자녀를 건너뛰고 손자녀에게 상속하는 '세대생략 상속'이 발
생하면 세금에도 할증이 붙는다는 점을 잊지 말아야 합니다. 이
경우 기본 상속세율에 30%를 할증해 과세하는데요. 미성년인
손자녀에게 20억 원 이상 상속하면 무려 40%가 할증됩니다. 따
라서 상속인 외의 손자녀에게 상속한다면 상속공제 한도는 줄어
들고 할증과세가 붙어 세금 폭탄을 맞을 수도 있어요. 위 사례도
고인과 상속인 간의 사정은 있겠지만, 상속세 부담 측면에서는
상당히 아쉬운 결정이었습니다.

## 3부

주택

내 집 마련의 꿈
그리고 세금

아파트를 물려주고 싶은데, 어떤 전략이 정답일까?

자녀의 결혼을 앞두고 본격적인 주택 증여를 고려하시는 분들이 많습니다. 집을 사주지는 못해도 전세금 정도는 마련해주려는 분위기가 강한데요. 요즘 집값이 너무 비싸다 보니, 증여공제를 아무리 활용해도 어느 정도는 세금을 부담해야 하기에 고민이 큰 것도 당연합니다.

가상의 사례를 살펴봅시다. 김알순 씨는 현재 임대 중인 서울 소재 아파트를 아들에게 증여하려 계획 중입니다. 이때 알순 씨

| 알순 씨의 아파트 |

소재지	서울 성북구 성북동 600, 성북아파트 210동 205호
면적	84제곱미터
사용 현황	임대 중(전세보증금 2억 원)
증여일 현재 시가	6억 8,000만 원

가 증여를 실행하기 전에 꼭 검토해야 할 포인트가 몇 가지 있습니다. 첫째는 아파트의 증여가액, 둘째는 전세보증금의 승계 여부, 셋째는 총 부담할 세금의 납부 여력입니다.

천천히 뜯어봅시다. 우선은 '아파트의 증여가액'입니다. 증여에서 가장 중요한 것은 '증여할 재산의 가액을 얼마로 평가할 것인가'입니다. 보통 '우리 집 아파트는 얼마다' 식으로 말할 때 누군가는 그 아파트가 실제 거래된 가격을 제시하고, 누군가는 그 아파트의 공시가격을 기준으로 삼죠. 이렇듯 동일한 아파트를 두고도 여러 방법으로 가격을 읽을 수 있기에 세법에서는 재산의 평가 방법을 명확히 규정하고 있습니다.

자녀에게 증여하는 상황에서는 되도록이면 낮은 가액을 사용할 수 있다면 좋겠죠. 다만 안타깝게도 세법은 자녀에게 증여하는 재산가액을 '객관적인 제3자와 거래할 때와 같은 수준'의 가액으로 평가하도록 규정합니다. 이를 **시가**라고 부릅니다. 이 시가를 평가하는 방법도 여러 가지예요.

시가를 평가하는
다양한 방법

시가로 삼는 1순위는 증여하는 아파트의 '거래가격'입니다. 증여일 전 6개월부터 증여일 후 3개월 이내의 기간에 해당 아파트의 매매가액·감정평가액·경매가액이 있다면 이 거래가격을 시가로 봅니다.

허나 현실에선 이 가액이 없는 경우가 대부분이에요. 그래서 2순위로 (해당 증여재산이 아니어도) 이 재산과 유사한 재산의 매매가액·감정평가액·경매가액이 있을 시 그 거래가격을 시가로 봅니다. 이를 **유사매매사례가액**이라고 부릅니다. 즉 아파트를 증여하기로 계획했다면, 일단은 아파트가 보통 얼마에 팔리는지 그 '시세'를 알아봐야 합니다.

아파트 주변의 부동산 중개사무소에 물어봐도 대략 알 수 있지만, '국토교통부 실거래가 공개시스템'을 통해서 직접 조회도 가능합니다. 사이트에서 부동산 소재지를 입력하면 동일 아파트 단지의 '실제로 매매된 가액'이 조회되는데요. 전용면적과 매매

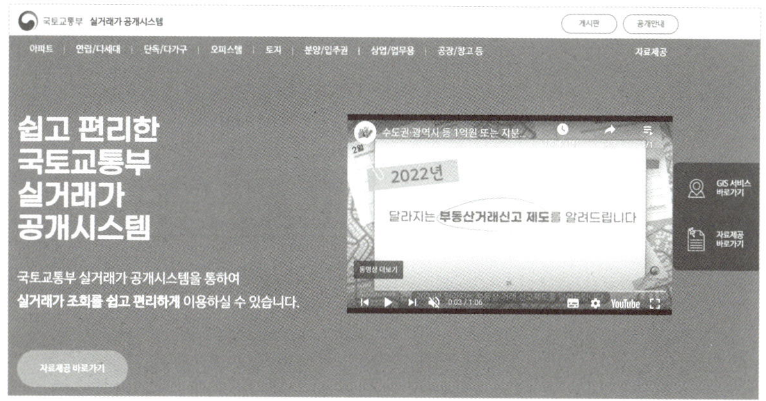

국토교통부의 실거래가 공개시스템rt.molit.go.kr. 부동산 중개사무소를 방문하지 않아도 직접 시세를 확인하는 것이 가능합니다.

계약 일자, 층수, 거래가액까지 알 수 있습니다.

그렇다면 여기서 조회되는 거래가액 중 어떤 가액을 증여하는 아파트의 시가로 선택해야 할까요? 선택의 기준으로는 '기간'과 '재산'의 관점을 들 수 있습니다. 세법에서는 평가기준일 전 6개월부터 평가기준일 후 3개월 이내의 신고 기한까지의 가액을 선택하도록 규정합니다. 여기서 평가기준일은 증여일을 의미합니다. 아파트를 증여할 땐 등기접수일을 증여일로 보고요.

또, 아파트의 유사매매사례가액을 시가로 적용하기 위해서는 다음의 세 가지 요건을 만족해야 합니다.

① 평가 대상 아파트와 동일한 아파트 단지 내에 있을 것

② 평가 대상 아파트와 주거전용면적의 차이가 5% 이내일 것

③ 평가 대상 아파트와 공동주택가격의 차이가 5% 이내일 것

여기서 말하는 '공동주택가격'은 국토교통부에서 공시하는 아파트의 적정가격을 의미합니다. '부동산공시가격 알리미' 사이트에서 주택 소재지를 검색하면 조회할 수 있어요.

평가 기간 내에 유사한 아파트의 거래 기록도 없다면, 3순위로 넘어가야 합니다. 시가로 삼을 수 있는 3순위는 증여하는 아파트의 **공시가격**입니다. 국토교통부장관이 공시하는 공동주택가격이 시가가 됩니다.

다만 최근 들어 국세청이 비주거용 건물에서 주거용 건물까지 감정평가사업의 예산과 범위를 확대하는 중이라, 공동주택가격을 시가로 적용할 때는 신중히 검토해야 합니다. 증여 또는 상속

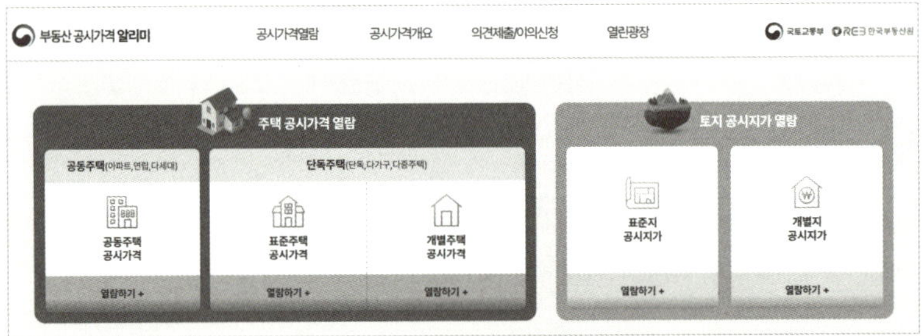

국토교통부에서 운영하는 부동산공시가격 알리미realtyprice.kr. 공시가격을 빠르게 확인할 수 있는, 부동산 거래 준비의 기본입니다.

재산으로 신고한 가액이 시가와 현저히 차이 나는 경우 국세청이 직접 감정평가를 통해 시가를 다시 산정하고 증여세 및 상속세를 추징하기도 하거든요.

따라서 증여하려는 아파트를 공동주택가격으로 평가한다면, 일단 동일 단지 내의 다른 동·호수의 유사매매사례가액과 비교해봅시다. 차이가 너무 난다면 스스로 감정평가를 받아 신고하는 것이 증여세 추징 위험을 줄일 수 있는 방법이기도 합니다.

집 줄 테니까, 빛도 가져가렴!

자녀에게 주택을 줄 때, 주택에 담보된 채무가 있는 경우 이 채무까지 승계하는 방식의 증여도 가능합니다. 앞서 설명한 부담부증여가 그 방법인데요. 보통 전세로 임대 중이라면 전세보증금을 승계하고, 주택담보대출이 있다면 대출금까지 승계합니다. 요약하자면 '주택을 줄 테니 빛도 가져가라'는 의미죠. 부담부증여를 받은 자녀는 전세보증금이나 대출금을 반환 또는 상환해야 할 의무를 가집니다.

부담부증여는 증여세의 절세 방안으로 활용되기도 합니다. 주택가액 중에서 채무액에 해당하는 부분은 '증여자가 수증자에게 채무 상환의 부담을 떠안게 했으므로 대가관계가 있다'고 판단되거든요. 즉 양도세의 납부 대상이 됩니다. 증여세는 증여가액 중 채무를 제외한 부분만을 재산가액으로 따져 계산하고요.

결국 부담부증여 시 증여자는 양도세를, 수증자는 증여세를 각각 신고하고 납부해야 합니다. 부담부증여가 절세 방안인 이유도 여기에 있습니다. 채무 부분을 양도세로 과세하면, 증여재산가액 전체를 증여세로 과세할 때보다 증여세의 누진세율이 낮아집니다. 다시 말해 증여자인 부모가 양도세를 납부함으로써 자녀의 세금 부담을 덜어주게 됩니다.

주택이 오가면 증여세뿐 아니라 주택 취득으로 인한 취득세도 납부하게 되는데요. 주택의 취득세율 역시 증여로 취득한 경우와 양도로 취득한 경우를 다르게 규정하고 있습니다(253쪽 참고). 증여의 경우 취득세율은 보통 3.5%지만, 양도는 취득가액에 따라 1~3%로 더 낮은 취득세율을 적용해요.

결혼을 앞둔 아들에게 성북구의 아파트를 증여하고 싶어 하는 김알순 씨의 사례를 다시 가져와봅시다. 알순 씨의 아파트는 증여일 현재 시가 6억 8,000만 원짜리입니다. 채무액은 전세보증금 2억 원이고요.

이 아파트를 일반적인 증여로 계산하면 증여세는 9,900만 원입니다. 하지만 부담부증여로 계산한 증여세와 양도세는 총 8,085만 원이에요. 부담부증여를 하는 편이 세금 측면에서는 1,815만

원 더 유리한 겁니다. 거기에 취득세 차이까지 고려하면 세금 절
감 효과는 더욱 커집니다.

일반 증여: 증여세 9,900만 원

부담부증여: 증여세 5,600만 원 + 양도세 2,485만 원

| 증여 시, 알순 씨의 세금 비교 |

	일반 증여 시 증여세 계산	부담부증여 시 증여세 계산
증여재산가액	6억 8,000만 원	6억 8,000만 원
- 채무액	-	2억 원
- 증여재산공제액	5,000만 원	5,000만 원
- 혼인증여공제액	1억 원	1억 원
과세표준	5억 3,000만 원	3억 3,000만 원
× 세율	30%	20%
산출세액	9,900만 원	5,600만 원

구분	금액
양도가액	2억 원
- 취득가액	4,000만 원
- 필요경비	120만 원
양도차익	1억 5,880만 원
- 장기보유특별공제	4,764만 원
- 기본공제	250만 원
과세표준	1억 866만 원
× 세율	35%
양도소득세	2,259만 원
지방소득세	225만 원
총세액	2,485만 원

다만 부담부증여를 할 때는 주의할 점이 있습니다. 자녀가 이 채무를 실제로 부담할 능력이 있는지의 여부입니다. 전세보증금을 반환해줄 능력이 되는지, 대출금에 대한 이자를 지급하고 원금을 상환할 능력이 되는지 등을 검토해야 합니다. 자녀의 연령·직업·소득·재산 상태를 전반적으로 고려해 이 채무를 부담할 능

력이 없다고 판단되면, 국세청이 이 과정을 모두 증여라고 보고 증여세를 부과할 수 있기 때문입니다.

국세청은 부담부증여를 통해 수증자가 인수한 채무액이나 자금출처조사에 인정된 채무액 등에 대한 납세자의 채무 정보를 엔티스NTIS라는 전산망에 입력하고 사후관리합니다. 만기일이 도래하면 채무의 상환, 면제 또는 갱신 여부에 관한 안내문을 발송해 확인하기도 합니다. 채무를 상환할 경우 '자력으로 상환했는가'에 관한 증빙자료를 제출하도록 요구하고, 소득 누락 및 증여 여부를 검증하기도 합니다.

☞ **더 정확히 알아보자! 사후관리 대상이 되는 채무**

① 상속세 및 증여세의 결정 등에서 인정된 채무

② 자금출처조사 과정에서 재산취득자금으로 인정된 채무

③ 재산 취득에 사용된 채무 내역서로 제출된 채무

④ 기타 유사한 사유로 사후관리가 필요한 채무

* 상속세 및 증여세법 사무처리규정(2025.06.11 국세청훈령 제2681호)

증여,
공짜로 받는 것이 아닙니다

주택 같은 부동산은 증여를 실행하는 데 들어가는 부대비용이 많아 현금 준비가 필요합니다. 부동산 증여를 검토할 때는 증여세·양도세·취득세를 비롯한 각종 세금은 물론 등기비용과 감정평가·세무신고 수수료까지 모두 고려한 전체 비용을 파악해야 합니다.

나아가 자녀가 증여세를 납부할 여력이 없어 부모가 대신 납부하는 경우, 이 증여세 대납액까지도 증여세의 대상이 되기에 반드시 증여세 납부는 자녀, 즉 수증자의 계좌에서 출금될 수 있도록 준비해야 합니다.

증여세와 양도세 외에도 주의해야 할 부분이 바로 취득세입니다. 부동산의 소유권 이전 시 취득세를 납부해야 등기가 가능하고, 부동산가액이 높은 경우 취득세 부담도 상당하거든요.

부담부증여의 경우 취득세율이 증여 부분과 양도 부분에 각각 다르게 적용됩니다. 증여 부분은 기본적으로 3.5%의 취득세율을 적용하지만, 증여 당시 해당 주택이 조정대상지역에 있고 주택공시가격이 3억 원 이상이며 증여자가 다주택자인 경우처럼 일정 요건을 충족하면 취득세가 12%까지 중과될 수 있습니다. 이러한 중과 여부는 사전에 반드시 확인해야 해요. 한편 양도

부분에 대해서는, 수증자가 1세대 1주택자라면 주택가액 규모에 따라 1~3%의 취득세율이 적용됩니다.

알순 씨의 사례를 예로 들어볼까요? 무주택자인 알순 씨의 아들이 부담부증여를 받는다면 양도 부분은 유상취득에 해당합니다. 부동산가액이 6억 원을 초과하므로 약 2%의 취득세율이 적용되네요. 증여 부분은 무상취득이니 3.5% 취득세율이 적용됩니다. 부담부증여를 실행하는 데 필요한 세금만 1억 원 이상인 셈이죠.

| 알순 씨가 부담부증여를 할 때, 세금은 얼마일까? |

구분	금액
증여세	5,600만 원
양도세	2,485만 원
취득세	400만 원 + 1,680만 원 = 2,080만 원
총부담세액	1억 165만 원

부채 상환 증거,
꼭 남겨둡시다

어느 날, 가까운 지인이 다급한 메시지를 보내왔습니다.

이어 도착한 것은 '부채 상환에 대한 해명자료 제출 안내'라고 기재된 안내문의 이미지였습니다. 해당 지인은 3년 전 서울 소재의 아파트를 아버지에게 증여받아 취득한 분이었습니다. 임대보증금까지 승계하는 것으로 채무인수계약을 하고 증여세를 신고·납부했죠.

그로부터 1년 후 임대차계약이 종료되었고, 지인은 임대보증금 3억 원을 임차인에게 반환했습니다. 세무서는 이 부채에 대한 안내를 보낸 겁니다. 상환일자와 금액, 수단, 출처 자료를 증빙서류와 함께 기한 내에 제출하라는 내용이었습니다. 만약 기한 내에 자료를 제출하지 않거나 제출한 자료가 불충분할 때는, 해당 금액을 증여받은 것으로 추정해 세금을 부과할 수 있다는 무서운 경고도 잊지 않았죠.

지인은 10년 정도 은행에서 근무한 분이었습니다. 덕분에 그동안의 근로소득과 남편에게 일부 증여받은 돈으로 상환했다는

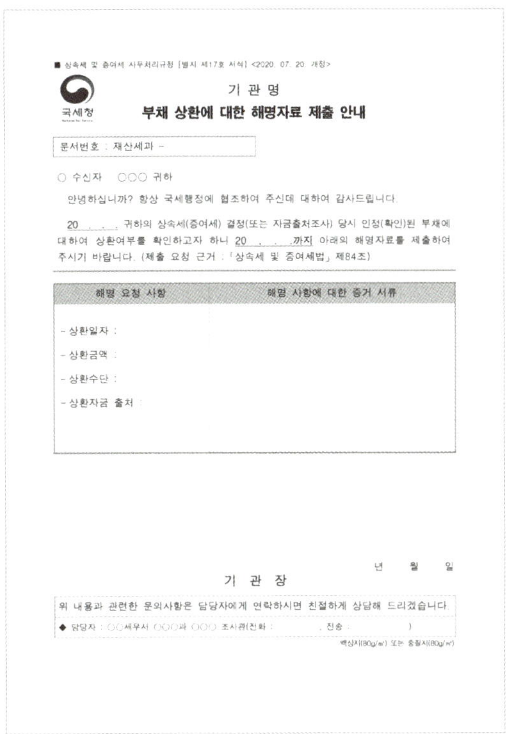

> 부담부증여를 할 때는 꼭 사후관리까지 신경 써야 합니다.
> 관리를 깜빡할 경우, 이런 안내문을 받을 수 있어요.(출처: 국세청)

소명을 마칠 수 있었습니다.

이렇듯 부담부증여 시에는 수증자가 부채를 언제 어떻게 상환했는지가 늘 사후관리의 대상이 되니, 이자와 부채원금을 자력으로 상환했다는 증거를 남겨둬야 합니다.

팔순 노모에게도
월세를 받아야 한다고?

장관 후보자의 청문회는 늘 뜨거운 이슈가 되곤 합니다. 그런 상황에서, 최근 유독 눈에 띄는 기사를 발견했습니다.

"○○○ 장관 후보자, 편법 증여 의혹?

80세 노모에 월세 안 받아 논란"

내용을 살펴볼까요? 한 장관 후보자가 3년 전 모친과 함께 살고 있던 본인 소유의 아파트에서 다른 주택으로 이사하면서, 모친을 기존 거주 주택의 세대주로 등록했습니다. 80세인 모친은 수입이 없었고 당시 해당 아파트의 공시가격은 약 23억 원이었습니다. 이를 두고 한 국회의원이 '모친에게 무상으로 본인 소유 아파트에 거주하게 하면서 증여세를 탈세한 것으로 의심된다'고 지적한 것이었습니다.

보통은 부모가 자녀에게 세금을 탈루하고 증여하는 사례가 많은데, 이 기사는 조금 의아합니다. 자녀가 80세 노모에게 증여하는 일이 일반적이지는 않으니까요. 어쨌든 이 사연에서 중심이 되는 증여세 규정은 **부동산 무상사용에 따른 이익의 증여**입니다.

세법에서는 '타인의 부동산을 무상으로 사용하여 얻은 이익이 5년 동안 1억 원 이상'일 때 증여세를 과세하도록 규정합니다. 보통 특수관계인 간의 거래에서 적용되는데요. 특수관계인이 아니라면 거래의 관행상 정당한 사유가 없는 경우에 한해 적용합니다. 만약 부모가 자녀가 아닌 제3자에게 주택을 임대한다면 적정임대료를 받을 테고, 이 임대소득에 대한 종합소득세도 납부했겠죠. 그러니 자녀에게 무상으로 임대한 경우에도 형평성을 위해 자녀에게는 증여세를 부과하고, 부모에게는 적정임대료를 산정해 종합소득세를 부과합니다.

증여세 과세를 위한 '이익'도 계산해봅시다. 우선 부동산 평가액이 15억 원이라고 가정하면 연간 부동산 무상사용 이익은 3,000만 원입니다. 5년간의 무상사용 이익을 현재 가치로 환산하면 약 1억 1,300만 원이에요. 즉 자녀는 1억 1,300만 원에 대해 약 630만 원의 증여세를 납부해야 합니다. 나아가 무상사용 기

각 연도의 부동산 무상사용 이익 구하기	
= 부동산가액 × 2%	15억 원 × 2% = 3,000만 원
전체 부동산 무상사용 이익 구하기	
각 연도의 부동산 무상사용 이익 / (1+10%)^5	3,000만 원 × 3.7908(연금현가계수) = 1억 1,372만 4,000원
납부해야 할 증여세	

(1억 1,372만 4,000원 - 5,000만 원) × 10% = 637만 2,400원

간이 5년을 초과한다면 처음 5년이 되는 날의 다음 날에 새롭게 무상사용을 시작한 것으로 보고 증여세를 다시 계산해 납부해야 합니다.

참, 여기서 '연금현가계수'란 매 기간 일정 금액을 받을 경우 현재 가치로 환산해주는 계수를 의미합니다. 한편 부모는 부모대로 타인에게 임대했을 경우와 동일하게 적정임대료를 계산해 종합소득세를 납부해야 합니다. 계산해보면 적정임대료 2,325만 원을 매년 종합소득금액에 합산해 신고해야만 하죠.

그렇다면 증여세를 피할 수 있는 방법은 없을까요? 답은 간단

합니다. 부동산 무상사용 이익이 5년 동안 1억 원을 넘지 않으면 됩니다. 부동산 무상사용 이익 계산을 역산해보면, 5년간의 이익이 1억 원을 넘지 않을 때의 부동산가액은 약 13억 원 정도예요. 즉 부동산가액이 13억 원 미만인 경우 부동산을 무상으로 사용하더라도 증여세는 과세되지 않습니다.

# 딱 한 채를 상속받으면, 세금은 얼마나 낼까?

"우리 집은 진짜 중산층이에요. 아버지가 평생 직장 다니면서 모으신 돈으로 분당에 아파트 하나 있고, 예금이랑 주식 조금 있어요. 그런데 무슨 세금을 이렇게 많이 내나요?"

상속세 상담 중 흔히 만나는 상황입니다. '진짜 부자가 아닌데, 상속세를 왜 이렇게까지 내야 하느냐'는 겁니다.

2000년대 이후 집값이 가파르게 솟다 보니, 정부가 집값을 잡기 위해 다주택자를 규제하는 정책들을 많이 펼쳤는데요. 세금 정책 중에서 대표적인 것은 '다주택자 양도세 중과'와 '다주택자 취득세 중과'입니다. 여기에 종합부동산세 폭탄까지…… 똑똑한 한 채라는 말도 이런 맥락에서 나왔습니다. 이제는 주택을 여러 채 갖는 것보다 실거주를 위한 주택이나 가치 상승이 기대되는 한 채만 보유하는 편이 낫다는 말이죠.

똑똑한 한 채는 수차례 언급한 만큼 증여상속의 중요한 화두입니다. 사실 이 똑똑한 한 채가 상속을 겪어보면 '세금덩어리 한 채'로 변하곤 하거든요. 간단한 예를 들어봅시다. 돌아가신 아버지로부터 시세 15억 원 정도의 분당 소재 아파트를 자녀 두 명이 상속받는 경우, 필요한 현금은 얼마일까요?

우선은 이 아파트의 가격을 결정해야 합니다. 즉 시가를 알아내는 겁니다. 상속개시일 전 2년부터 상속개시일 후 15개월 사이에 확인되는 매매가액·감정가액·경매가액 등을 시가로 적용할 수 있습니다.

아버지가 이 주택에 대해 제3자와 매매계약을 체결한 후 매도대금 일부를 받고 돌아가셨다면, 이때의 '매매가액'은 아파트의 시가로 적용할 수 있습니다. 하지만 이런 경우는 매우 드물기에 매매가액을 시가로 적용하는 사례는 거의 없습니다. 최근까지 상속세 신고를 할 때 가장 많이 사용하는 방법은 상속재산과 유사한 아파트의 '매매사례가액'을 시가로 적용하는겁니다. 국토교통부 실거래가 공개시스템을 통해서 우리도 직접 조회해볼 수 있습니다(106쪽 참고).

이 사례에서는 상속받은 아파트와 동일 단지 내에 있으면서 동일한 면적에 공동주택가격의 차이가 5% 이내인 아파트의 유사매매사례가액이 15억 원으로 확인되었습니다. 결국 이 아파트의 시가는 15억 원으로 평가되었죠.

아파트는 고인이 전세보증금 8억 원에 임대 중이었고, 자녀 두 명이 절반씩 상속받기로 한 상태였습니다. 사실 15억 원짜리 아파트라 해도 전세보증금 8억 원이 존재한다면 상속인 입장에서는 7억 원짜리 아파트일 뿐입니다. 그래서 상속세는 아파트 가격 15억 원에서 전세보증금 8억 원을 뺀 금액만큼만 계산됩니다.

다만 취득세는 전세보증금 부분을 빼주지 않습니다. 물론 취득세 과세표준이 약간 다르긴 합니다. 상속세에서 적용하는 시가보다 낮은 가액인 '공동주택가격'에 취득세율을 적용해주거든요.

끝내 이 아파트 한 채를 상속인 두 명이 공동으로 가져간다면, 부담해야 할 세금은 어느 정도일까요? 우선 상속세는 다른 상속재산과 합산해 20% 세율이 적용된다고 가정합시다. 그럼 아파트만 쳐도 약 1억 4,000만 원(7억 원×20%)의 상속세가 붙습니다. 취득세는 공동주택가격인 9억 7,000만 원에 상속 취득세율 2.8%를 적용한 약 2,700만 원 정도고요.

끝이 아닙니다. 이 아파트를 보유하는 동안 매년 재산세도 부담해야 합니다. 재산세는 공동주택가격 9억 7,000만 원의 45%를 과세표준으로 삼습니다. 여기에 세율 0.35%를 적용하면 약 150만 원 정도가 산출됩니다.

| 이 사례에서 발생하는 세금은? |

아파트 시가: 15억 원

전세보증금: 8억 원

상속세	(시가 - 전세보증금) × 세율 *세율은 20%로 가정	(15억 원 - 8억 원) × 20% = 1억 4,000만 원
취득세	공동주택가격 × 상속 취득세율	9억 7,000만 원 × 2.8% = 약 2,716만 원
재산세	(공동주택가격 × 45%) × 세율 *세율은 0.35%로 가정	(9억 7,000만 원 × 45%) × 0.35% = 약 152만 원
총 세금		**약 1억 6,868만 원**

피상속인도 이 상속주택 한 채만 보유하고 있었고 상속인들도 이 한 채만 공동으로 상속받았을 뿐입니다. 그런데 상속 과정에서 발생한 세금은 약 1억 7,000만 원에 달했습니다. 아파트와 함께 금융재산도 상속받았다면 다행히 세금을 낼 여력이 되겠지만, 물려받은 재산 중 현금은 별로 없고 아파트의 비중이 대부분이라면 어떻게 될까요? 세금 낼 걱정을 하다 결국 아파트를 처분하는 수밖에 없을 겁니다.

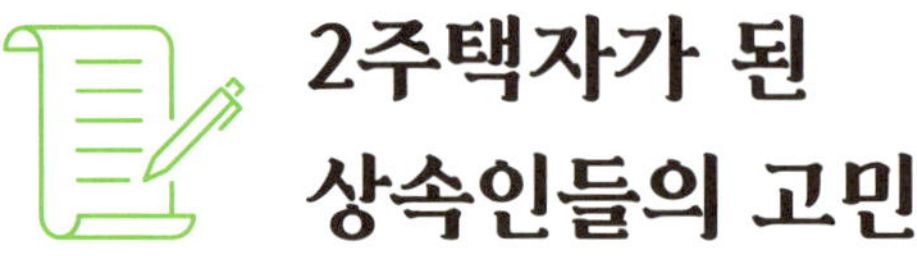

2주택자가 된
상속인들의 고민

"상속주택을 받고 나면, 1세대 1주택 혜택은 못 받나요?"

"상속주택을 팔고 싶어요. 그럼 세금을 또 내면서 팔아야 하는 건
가요?"

상속은 갑작스레 일어나는 일이라 상속인으로서는 대비가 어렵습니다. 그래서 상속이 발생하면 여러 고민이 떠오르죠. 특히나 걱정하시는 부분은 '다주택자가 되면서 세금이 중과되고, 1세대 1주택자 혜택을 받지 못하는 건 아닐지' 그리고 '결국 세금 혜택이 줄어들어 세금 폭탄을 한꺼번에 맞는 건 아닐지'인데요. 지금부터 그 진실을 짚어보겠습니다.

주택 상속 이후,
재산세와 종합부동산세는?

상속으로 2주택자가 되면, 주택을 보유하며 납부하는 재산세와 종합부동산세는 어떻게 변할까요?(재산세 및 종합부동산세는 255쪽 참고) 일단 재산세와 종합부동산세에서 1세대 1주택을 판단할 때는, 다행히 상속개시일로부터 5년간 상속주택을 주택 수에 포함시키지 않습니다. 덕분에 1세대 1주택자가 누릴 수 있는 각종 혜택을 당분간 그대로 적용받을 수 있습니다.

1주택자의 재산세 계산 방식은 조금 다릅니다. 주택공시가격에 일정 비율을 곱해 과세표준을 정하는 '공정시장가액비율'을 기본 수준인 60%보다 더 낮게, 약 43~45% 수준까지 적용할 수 있거든요. 결국 세금이 줄어드는 효과가 납니다. 세율 또한 일반 세율보다 낮은 특례세율(0.05~0.35%)을 적용할 수 있습니다.

종합부동산세도 비슷합니다. 기본공제 금액을 9억 원에서 12억 원으로 상향 적용받을 수 있어요. 특히 상속주택이 지분율 40% 이하이거나 수도권 내 공시가격 6억 원 이하 주택에 해당한다면, 5년이라는 기간과 관계없이 완전히 주택 수 산정에서 제외할 수 있습니다.

재산세: 주택공시가격 × 공정시장가액비율 × 세율

종합부동산세: (인별 주택공시가격 합계액 – 공제금액)

× 공정시장가액비율

× 세율

결국 상속받은 후 5년간은 1세대 1주택 혜택을 유지하는 게 가능합니다. 상속인의 선택에 따라 보유하거나 처분할 수 있도록 시간적 여유를 주는 셈입니다.

주택 상속 이후, 양도소득세는?

이미 생활 기반을 마련한 상속인들은 상속주택을 팔기도 합니다. 상속받은 재산이 대부분 부동산일 땐 상속세를 낼 여력이 없어 상속주택을 처분하고, 여러 명이 공동으로 상속받을 땐 관리가 복잡한 만큼 팔아서 정리하죠.

그렇다면 상속주택을 팔 때의 양도세는 어떨까요? 상속주택과 기존주택(상속 이전부터 보유하고 있던 주택) 중에서는 무엇을 먼저 팔아야 할까요?

우선 알아야 할 부분은 상속세 신고 기한인 6개월 내에 팔면 양도소득세가 발생하지 않는다는 겁니다. 상속이 개시되면서 취득하고, 신고 기한 내에 양도하면 양도가액과 취득가액이 동일해 양도차익이 발생하지 않죠. 애초에 양도차익이 발생하지 않으니 주택 보유 수, 주택 보유 기간 등 요건을 따질 필요도 없는 겁니다.

다만 이때는 양도가액이 상속받은 재산가액이 되기 때문에 상속세 부담이 더 커질 수 있습니다. 특히 아파트가 아닌 다세대주택과 단독주택은 시가를 산정할 수 없기 때문에 공시가격을 기준으로 상속세를 계산하는데요. 이 공시가격은 보통 실제로 팔 때의 가격인 시세보다 60~70%가량 낮습니다. 따라서 상속세 신고 기한 내에 주택을 팔면 공시가격을 기준으로 계산할 때보다 상속세는 더 늘어날 수 있습니다.

2026년 5월 9일 이후 주택을 두 채 이상 보유한 사람이 주택을 양도할 때는 원칙적으로 양도소득세 중과세율이 적용됩니다. 다만 상속주택은 상속개시일로부터 5년 이내에 양도하면 중과 대상에서 제외됩니다. 즉 기존에 주택을 보유 중이던 사람이 새로운 주택을 상속받는다 해도, 해당 상속주택은 5년 동안은 주택 수로 계산하지 않겠다는 의미입니다.

상속받기 전부터 가지고 있던 기존주택을 먼저 판다면 (상속받은 주택은 없는 셈 치고) 1세대 1주택 비과세를 적용받을 수 있습니다. 물론 이때는 기존주택이 1세대 1주택 비과세 요건을 충족해야겠죠. 즉 기존주택을 2년 이상 보유했거나, 양도 당시 실지

거래가액이 12억 원을 초과하는 '고가주택'에 해당하지 않는 등 1세대 1주택 요건을 갖춘 상태라면 상속주택이 있더라도 비과세 적용이 가능합니다.

말 많은 1세대 1주택, 정확히 어떤 의미일까

'1세대 1주택'은 세금 면에서 굉장히 중요한 개념입니다. 말이 나온 김에 자세히 짚어봅시다.

세법에서 칭하는 '1세대'는 거주자 및 그 배우자가 그들과 동일한 주소 또는 거소에서 함께 살며 생계를 같이하는 가족 구성원 한 집단을 의미합니다. 이때 가족이란 거주자와 그 배우자의 직계존비속(직계존비속의 배우자 포함) 및 형제자매를 말해요. 본인과 배우자, 자녀뿐 아니라 동일한 주소 또는 거소에서 생계를 함께 꾸리는 장인·장모·처남·처제·사위·며느리도 가족의 범위에 포함됩니다.

취학·질병 요양·근무상 또는 사업상 형편에 의해 일시적으로 다른 주소지에 거주하고 있는 경우라도 동일 세대로 간주합니다. 가령 자녀는 대학에 다니며 서울에서 거주 중이고 부모님은 고향인 지방에서 거주할 때, 자녀가 일정 소득이 없다는 전제하에 부모님과 동일 세대가 됩니다.

단 부모와 자녀의 관계에서는 자녀가 결혼을 했거나 만 30세 이상인 경우, 혹은 국민기초생활보장법에서 정한 중위소득의 40% 이상에 해당하는 일정 수준의 소득이 있는 경우에는 세대를 분리해 별도 세대로 인정받을 수 있습니다. 자녀가 부모와 함께 거주한다 해도 월급 등 꾸준한 소득이 있는 직장인이라면 독립된 1세대로 보는 겁니다.

또 1주택에서 '주택'이란 상시 주거용 건물을 의미합니다. 세법은 형식보다 실제 사용 형태를 기준으로 과세하는 **실질과세의 원칙**을 적용하기에, 오피스텔이라 해도 실제 주거용으로 사용 중이라면 주택으로 봅니다.

이렇게 주택 여부를 판단할 때는 유의점이 하나 더 있습니다. 실물 주택뿐 아니라 아파트 분양권도 주택 한 채로 간주된다는 겁니다. 반면 오피스텔 분양권은 주택으로 보지 않아요. 이는 분양 단계에서는 그 공간이 실제로 주거용이 될지 업무용이 될지 아직 알 수 없기 때문입니다.

조합원입주권과 아파트 분양권도 증여할 수 있을까?

"조합원입주권을 취득했는데, 자녀에게 증여할 수 있나요?"

"아파트 분양권은 증여하면 세금이 얼마나 나오나요?"

신축 아파트를 얻으려면 조합원입주권 혹은 아파트 분양권을 취득해야 합니다. 둘 다 아직 주택은 아니지만 '주택을 취득할 수 있는 권리'인 만큼, 자녀에게 증여할 때 증여세를 내야 해요.

분양권은 주택 청약 당첨으로 주택에 입주할 수 있는 권리를 말합니다. 아파트 당첨권이 대표적이에요. 조합원입주권은 재개발이나 재건축으로 원래 지분이 있던 집 주인이 새 아파트에 입주할 수 있는 권리를 의미합니다. 예컨대 어느 재개발 지역에

1,000세대짜리 아파트를 철거하고 새롭게 1,300세대를 짓는다고 가정해봅시다. 재개발 전의 집을 가지고 있던 1,000세대는 새 집을 분양받을 수 있는 권리를 얻는 거예요. 새로 생긴 나머지 300세대에는 새로운 주민이 분양권을 통해 들어올 수 있습니다.

주택 관련 세금에서는 '주택 수'를 어떻게 산정하느냐가 중요합니다. 조합원입주권은 재개발 전부터 사용하던 집이 있었다는 의미입니다. 그 집을 그대로 승계한 것으로 보기에 주택 수에 포함됩니다. 반면 분양권은 기존에 없던 새로운 주택이 생기는 개념이라, 원래는 집이 완공되어 등기되기 전까지는 주택으로 보지 않았습니다. 그러나 최근 제도가 변경되어, 2021년 1월 1일 이후 취득한 분양권부터는 주택으로 간주해 주택 수에 포함하고 있습니다.

조합원입주권과 아파트 분양권의 증여재산가액

그렇다면 조합원입주권이나 아파트 분양권을 자녀에게 증여할 때 증여세는 어떻게 계산될까요? 세법에서는 부동산을 취득할 수 있는 권리의 가치를, '증여일까지 실제로 납입한 금액'에 '증여일 현재 형성된 프리미엄'을 합산한 금액으로 평가합니다. 결

조합원입주권	아파트 분양권
조합원 권리가액 + 증여일까지 납입한 계약금 및 중도금 + 프리미엄 상당액	증여일까지 납부한 계약금 및 중도금 + 증여일 현재의 프리미엄 상당액

국 지금까지 불입한 금액과 시장에서 형성된 권리금 성격의 프리미엄을 더한 값이 곧 증여재산가액이에요.

조합원입주권은 '조합원 권리가액'과 '증여일까지 납입한 계약금 및 중도금', '프리미엄 상당액'의 세 가지 항목을 합산해 평가합니다. 조합원 권리가액은 보통 관리처분계획 인가 시 조합에서 안내해주는 금액이며, 증여일까지 납부한 금액은 모두 증여재산가액에 포함됩니다. '권리가액'과 '증여일까지 납입한 금액'을 합한 금액보다 더 높은 가액으로 입주권의 시세가 형성되었다면 차액을 프리미엄 상당액으로 보고 합산하죠. 이 프리미엄을 산정하기가 어려워 보통은 감정평가를 받습니다. 따라서 증여 시기에 따라 부담하는 증여세가 달라질 수 있습니다.

아파트 분양권도 마찬가지로 '증여일까지 납부한 계약금 및 중도금'에 '증여일 현재의 프리미엄 상당액'을 합한 금액으로 평가하는데요. 분양 초기에 증여할 경우 프리미엄 가액이 거의 형성되어 있지 않기 때문에 '계약금'과 '증여일까지 납부한 중도금'을 합한 금액을 평가액으로 볼 수 있습니다. 아파트가 거의 완공되어 가는 시기라면 상당한 프리미엄이 붙기에, 감정평가를 받아 정확한 평가액으로 증여세 신고를 하는 것이 가산세 등의 위험을 줄이는 방법입니다.

조합원입주권과 아파트 분양권의 취득세

증여세만큼이나 중요한 세금, 취득세도 챙겨야 합니다. 조합원입주권과 아파트 분양권의 취득세는 조금 다르니 구분해서 알아둡시다.

조합원입주권은 기존주택이 남아 있는 상태에서 증여받는 경우 '주택'을 증여받는 것으로 봅니다. 즉 3.5% 세율이 적용됩니다. 다주택자로 중과세율이 적용된다면 12%의 높은 세율이 붙죠. 하지만 기존주택이 철거된 후 증여받는 경우일 땐 '토지'를 증여받는 것으로 보고 4%의 세율을 적용받습니다. 조합원입주권은 증여 시기에 따라 부담하는 취득세도 달라지는 겁니다.

| 조합원입주권과 아파트 분양권의 취득세 |

조합원 입주권	기존주택이 남아 있는 경우	주택 증여로 간주	기본세율 3.5% (다주택자 12%)
	기존주택이 철거된 경우	토지 증여로 간주	4%의 세율
아파트 분양권	분양권을 증여하는 시점	아직 주택이 아님	취득세 납부 의무 없음
	잔금 지급 후 실제로 아파트를 취득하는 시점에 납부		해당 시점에 보유 중인 주택 수에 따라 3.5% 세율 (다주택자 12%)

아파트 분양권을 증여하는 경우, 분양권 자체를 증여하는 시점에는 아직 주택이 아니기 때문에 취득세 납부 의무가 없습니다. 잔금을 지급하고 소유권이전등기를 하는 시점, 즉 아파트를 실제로 취득하는 시점에 납부하면 됩니다. 해당 시점에 보유 중인 주택 수에 따라 3.5% 세율을 적용하거나 다주택자 중과세율인 12% 세율을 적용하는 식입니다(취득세는 250쪽 참고).

9억? 12억?
고가주택의 기준을
둘러싼 모든 것

새로운 정부가 들어서고 부동산 정책에도 엄청난 변화가 생겼습니다. 주택 가격에 따라 대출받을 수 있는 금액도 달라진다고 하죠. 최근 정부의 정책을 살펴보면 특히 초고가주택에 대한 규제가 많습니다. 서울 시내 집값이 너무 많이 올랐기 때문에 고가주택의 기준을 더 올려야 한다는 의견도 있고요. 도대체 고가주택은 세금에서 어떤 의미일까요? 이번에는 고가주택의 기준을 파헤쳐 보겠습니다.

우선 대표적인 고가주택의 기준은 '12억 원'입니다. 가장 많이 알려진, 양도소득세 계산 시의 기준이죠. 1세대 1주택자가 집을 팔 때는 본디 세금을 납부하지 않아도 되지만, 1세대 1주택자라

| 양도가액에 따른 과세 비교 |

실제 양도가액이 10억 원일 때	실제 양도가액이 15억 원일 때
양도차익 = 10억 원 – 5억 원 = 5억 원	양도차익 = (15억 원 – 5억 원) × [(15억 원 – 12억 원) / 15억 원] = 2억 원
·1세대 1주택 비과세 ·양도소득세 없음	·1세대 1주택 ·고가주택 초과분에 대한 양도차익만 과세 대상

* 1세대 1주택의 기준 금액에 대해서만 판단한 것으로, 1세대 1주택 별도 요건은 모두 충족했다고 가정

해도 해당 주택의 양도가액이 12억 원을 초과하는 경우엔 고가 주택으로 보고 12억 원을 초과하는 부분에 대한 양도소득세를 납부해야 합니다. 참고로 이때의 '12억 원'은 실제 거래되는 실거래가액 기준입니다. 양도 당시 주택과 이에 딸린 부수토지의 합계액이 12억 원을 초과함을 뜻해요.

여러분이 5억 원에 구입한 주택 한 채를 보유했다고 가정해봅시다. 여러분이 주택을 팔 때는 양도가액에 따라 양도소득세 납부 여부도 달라집니다. 실제 양도가액이 10억 원이라면 양도차익은 10억 원에서 취득 당시의 가액 5억 원을 차감한 5억 원인데요. 1세대 1주택 비과세 요건을 충족하면 납부할 양도소득세는

| 고가주택의 금액적인 기준 |

세목	양도 소득세	취득세	재산세	종합 부동산세	주택 임대소득
금액 기준	12억 원	9억 원	9억 원	12억 원	12억 원
시가의 의미	실제 거래가액			공시가격	

없습니다.

만약 실제 양도가액이 15억 원이라면, 12억 원을 초과하는 양도차익 부분에 대해 양도소득세를 납부하면 됩니다. 이때는 15억 원에서 취득가액 5억 원을 차감한 양도차익 중, 실제 양도가액에서 12억 원 초과분이 차지하는 비율만큼을 양도차익으로 봅니다.

주택을 보유하면서 납부하는 재산세와 종합부동산세에서도 고가주택의 기준은 중요합니다. 1주택자인 경우 재산세는 공시가격 9억 원 이하인 주택에 대해 특례세율을 적용해서 감면해주거든요. 또 종합부동산세는 과세표준을 계산할 때 12억 원을 공제받을 수 있습니다. 아울러 주택을 취득할 때 납부하는 취득세는 실제 거래한 가액, 즉 취득 당시의 금액이 9억 원을 초과하면 고가주택으로 봅니다.

　주택을 임대해 월세를 받는 중일 때도 고가주택 여부에 따라
소득세 신고·납부 의무가 달라집니다. 1주택자의 경우, 공시가
격이 12억 원을 초과하는 주택에서 월세수입이 발생했다면 주택
임대소득으로 소득세 신고·납부를 해야 합니다. 임대보증금이
있다면 그만큼은 과세 대상에서 제외되고요. 2주택 이상인 경우
에는 공시가격 12억 원 초과 여부에 상관없이 월세수입의 소득
세를 신고하고 납부해야 합니다.

## 4부

토지와 건물

대세는 현금보다
건물 증여?

부모 자녀 사이에
'양도'는 없다

"우리 애들한테 주는 건데……. 그냥 좀 싸게 팔면 안 될까요?"

상가를 증여하자니 세금이 너무 많이 나오고, 그렇다 해서 평생 들고만 있을 수는 없는 노릇이고……. 이리저리 궁리하다 '그럼 차라리 자녀에게 싼값에 파는 것은 어떨까' 물으시는 분들도 있습니다. 하지만 세법이 그렇게 허술하지는 않습니다. 여기서도 간과해선 안 될 포인트가 있습니다. 부모가 자녀에게 부동산을 싸게 양도하는 경우에도 증여세 문제가 발생할 수 있다는 점입니다.

부모가 자녀에게 부동산을 팔 때, 시가보다 현저히 낮은 가격으로 양도해버리면 '시가와 양도가액의 차액에서 일정 금액을 차감한 가액'이 증여가액으로 판단되어 증여세가 나옵니다. 이런 경우를 **저가양도**라고 부릅니다. 반대로 **고가양수**는 시가보다 현저하게 높은 가격으로 양수하는 경우를 의미하고요.

간단한 사례를 봅시다. 김건축 씨는 시가가 25억 원인 꼬마빌딩을 소유한 상태입니다. 그리고 자녀인 김장녀 씨에게 이 꼬마빌딩을 20억 원에 팔고 싶어 하죠. 시가보다 5억 원이나 싸게 파는 것이니 저가양도에 해당합니다. 이때는 증여세가 발생해요. 저가양도 및 고가양수의 증여가액 계산 방법은 아래와 같습니다.

| 건축 씨와 장녀 씨의 증여세 계산 |

25억 원의 꼬마빌딩을, 20억 원에 자녀에게 팔고 싶다면?
(25익 원 - 20억 원) - 둘 중 더 적은 금액(25억 원 × 30%, 3억 원)
= 5억 원 - 3억 원
= 2억 원

이때 발생하는 증여세는?
(증여가액 - 증여재산공제) × 세율
= (2억 원 - 5,000만 원) × 20%
= 2,000만 원

시가와 대가의 차이 – '시가의 30%'와 '3억 원' 중 더 적은 금액

계산해보면, 장녀 씨는 결국 2억 원의 증여가액에 대한 세금 2,000만 원을 납부해야 합니다.

더 중요한 부분도 있습니다. 이 계약이 '양도'로 인정받으려면, 실제로 20억 원의 매매계약을 체결한 후 김장녀 씨가 김건축 씨에게 양도대금을 지불해야 한다는 겁니다. 달리 보면 '3억 원까지는 세금 없이 증여할 수 있다'고 해석되지만, 현실적으로 자녀가 부모에게 매입대금 20억 원을 지불해가며 건물을 사는 사례는 드뭅니다. 20억 원이라는 매입대금을 보유하는 것부터도 힘든 일이고요.

이런 형태의 거래에 증여세가 붙는 이유는 국세청이 기본적으로 '부모와 자녀 사이의 사고파는 행위를 인정할 수 없다'는 입장이기 때문입니다. 자녀가 아닌 제3자, 타인과 거래했다면 그렇게 싼 가격에 넘기지 않았을 것이란 논리예요. 양도의 형식을 빌린 사실상의 증여로 해석하는 겁니다.

이를 **증여추정**이라고 부르는데요. 증여추정 상황에서는 국세청으로부터 재산 취득에 대한 자금출처조사를 받을 수 있습니다. 쉽게 말해 장녀 씨가 꼬마빌딩을 매입할 때 지불한 20억 원을 어떻게 마련했는지를 조사하는 일입니다.

증여추정의 꼼꼼한 과정

자금출처조사의 목적은 명확합니다. 자녀의 연령과 직업, 소득과 재산 상태 등을 종합적으로 고려해서 해당 재산을 취득할 만한 수준이 되지 못한다고 판단되면 '양도' 거래를 인정하지 않고 '증여'로 추정해 과세하겠다는 겁니다.

요즘은 자녀들의 독립이 늦어지는 추세입니다. 30세 이상이어도 일정한 소득 없이 공부를 계속하거나 취업 준비를 하는 분들이 많죠. 다만 이런 자녀에게 부동산을 양도하면 국세청의 자금출처조사는 피하기 어렵습니다. 따라서 부모와 자녀 간에 부동산을 거래할 때는 매매계약서와 대금 지급 등 객관적인 증빙뿐 아니라, 사전 현금 증여 등을 통한 준비가 반드시 필요합니다. 그래야 자녀의 재산 취득 능력이 충분하다는 점을 소명할 수 있습니다.

증여추정은 재산의 취득뿐 아니라 부채 상환에도 적용됩니다. 만약 자녀가 은행에서 대출을 받아 주택을 구입한 후 부모님의 도움으로 대출금을 일시에 갚았다면, 이 역시 자금출처조사의 대상이 될 수 있습니다. 대출금을 갚을 여력이 없는 자녀를 위해 부모가 '대신 상환'해줬다고 보는 겁니다.

한편 이렇게 증여로 추정되는 상황이라 해도 일정 금액 기준 이하인 경우에는 추정이 배제됩니다. 자녀가 30세 미만이면서

| 증여추정 배제 기준 |

나이 구분	취득재산		부채 상환액	총액 한도
	주택	기타재산		
30세 미만	5,000만 원	5,000만 원	5,000만 원	1억 원
30세 이상	1억 5,000만 원	5,000만 원	5,000만 원	2억 원
40세 이상	3억 원	1억 원	5,000만 원	4억 원

주택·기타재산·부채 상환액이 각각 5,000만 원 이하일 때, 혹은 이들의 합계액이 총 1억 원 이하일 때 추정을 거두죠.

이 금액은 10년을 기준으로 판단합니다. 즉 재산을 취득한 현재 시점으로부터 이전 10년간의 취득재산 금액이 5,000만 원 이하이거나 취득재산 및 부채 상환액의 합계가 1억 원 이하라면 증여추정에서 벗어날 수 있어요. 다시 말해, 꼬마빌딩을 구입한 김장녀 씨가 10년 전에 아버지 김건축 씨로부터 5,000만 원의 현금을 증여받았다 해도 30세가 된 지금에는 문제되지 않습니다.

다만 이 기준은 말 그대로 기준점일 뿐이라, 증여 사실이 명백하게 포착된다면 자금출처조사 대상자로 선정될 수 있으니 각별한 주의가 필요합니다.

추정까지 해가며 증여세를 부과하는 이유, 우회양도

상속세와 증여세를 둘러싼 논란엔 끝이 없습니다. '징벌적 세금' 이나 '이중과세'라는 표현이 심심찮게 등장할 정도입니다. 마침 바로 앞 장에서 재산취득자금의 증여추정에 대해 이야기했는데 요. 굳이 '추정'까지 해가며 과세하는 이유는 무엇일까요?

사실 우리 사회의 다양한 사정을 일일이 법으로 정해둘 수는 없는 노릇입니다. 그렇다 해서 법망을 피해 변칙적인 거래를 하 고 세금을 회피하는 일을 두고 볼 수만도 없죠. 그렇기에 '증여라 고 판단할 여지가 있는 유사한 거래는 증여로 추정하겠다'는 것 이 국세청의 입장입니다. 이를 **증여세 포괄주의**라고 부릅니다. 2004년부터는 '완전포괄주의' 개념을 도입하며, 법에서 열거되

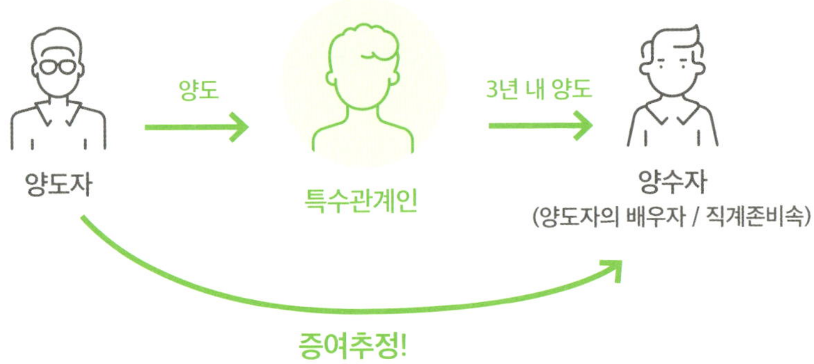

지 않았더라도 사실상 증여에 해당하는 사례라면 세금을 부과하고 있습니다.

대표적인 케이스가 바로 특수관계인을 통해 배우자나 직계존비속에게 **우회양도**하는 경우입니다. 흔히들 '배우자 등 우회양도 증여추정'이라고 부릅니다. 이는 양도자가 특수관계인에게 1차적으로 재산을 양도한 후, 그 특수관계인이 3년 내에 양도자의 배우자 혹은 직계존비속에게 다시 양도하는 방식이에요. 국세청은 이를 두고 '최초 양도자가 자신의 배우자 혹은 직계존비속에게 증여하는 일'이라고 판단(증여추정)합니다.

이런 케이스는 언뜻 특수관계인과의 단순 양도 거래로 읽히지만, 실질적으로는 증여에 가깝습니다. 그렇기에 증여세가 부과되는 겁니다. 다만 이 과정에서 거래자들이 실제로 부담한 양도

소득세 총액이 특수관계인 없이 그냥 증여로 처리했을 때 내야
했을 세금보다 크다면, 회피 목적이 없는 것으로 보고 증여추정
을 적용하지 않습니다.

상가 거래로 살펴보는
증여추정

가상의 예를 통해 이해해볼까요? 여기 5억 원짜리 상가를 가진
김민수 씨가 있습니다. 민수 씨는 이 상가를 3년 전 4억 원에 매
입했다가, 최근 동생에게 5억 원을 받고 팔았습니다. 이듬해 민
수 씨의 동생은 다시 민수 씨의 아들 김성수 씨에게 5억 5,000만
원을 받고 상가를 팔았죠. 이런 상황에서 세금은 어떻게 계산될
까요?

| 이 상가, 과연 세금은 어떻게 처리될까? |

세상 친절한 증여상속	민수 씨가 동생에게 양도할 때 내는 세금	동생이 다시 성수 씨(민수 씨 아들)에게 양도할 때 내는 세금
양도가액	5억 원	5억 5,000만 원
- 취득가액	4억 원	5억 원
양도차익	1억 원	5,000만 원
- 장기보유특별공제	600만 원	-
양도소득금액	9,400만 원	5,000만 원
- 기본공제	250만 원	250만 원
과세표준	9,150만 원	4,750만 원
× 세율	35%	15%
산출세액	1,658만 원	586만 원
둘의 합계	2,244만 원	

| 만약 민수 씨가 성수 씨에게 직접 증여했다면, 세금은? |

증여재산가액	5억 원
- 증여재산공제	5,000만 원
과세표준	4억 5,000만 원
× 세율	20%
산출세액	8,000만 원

차근차근 계산해봅시다. 민수 씨가 동생에게 상가를 양도할 때의 양도소득세는 약 1,658만 원입니다. 그로부터 3년 내에 동생이 성수 씨에게 상가를 다시 양도할 때는 약 586만 원의 양도소득세를 내야 하고요. 세금의 합은 2,244만 원 정도입니다.

또 이건 민수 씨가 특수관계인인 동생을 활용해 자신의 아들인 성수 씨에게 '증여'를 했다고 추정되는 상황이니, 민수 씨와 성수 씨 간의 증여세도 따져봐야 합니다. 증여재산가액을 민수 씨가 동생에게 양도했을 때의 양도가액인 5억 원으로 잡으면, 증여세는 약 8,000만 원으로 계산되네요. 확실히 '양도로 내는 세금'과 '직접 증여했을 때 내야 했던 세금' 중에서 후자가 더 큽니다. 이럴 때는 증여세로 과세합니다. 이전에 납부했던 양도소득세는 환급받을 수 있습니다.

단 이 추정에도 예외는 있습니다. 우선 법원의 결정으로 경매 절차에 따라 처분되는 경우, 파산선고로 인해 처분되는 경우 등의 부득이한 상황일 때는 추정을 적용하지 않습니다. 성수 씨가 이 상가를 취득하기 위해 소유재산을 처분해가며 대가를 지급한 사실이 확인될 때도 양도 거래가 명백히 입증되었다고 판단해 증여추정을 거둡니다.

부모에게 증여받은 상가, 10년간 매도 금지? 이월과세의 법칙

“증여세 신고는 완료되었습니다. 주의 사항 말씀드렸죠?”

“네! 10년 동안은 팔면 안 된다고 하셨죠. 혹시 팔아야 할 상황이 생기면 꼭 세무사님과 상담할게요.”

제가 거의 매주 나누는 대화입니다. 사실 자녀에게 부동산을 증여할 때는 다각도의 고민이 필요합니다. 증여세만 신고한다 해서 끝이 아닙니다. 이 부동산을 언제 처분할 것인지, 처분할 때 예상되는 양도소득세는 얼마인지 등을 검토해야만 합니다.

다음 장의 표를 보면 알 수 있듯, 우리 세법에서도 증여에 대한 특례를 꼼꼼하게 다룹니다. 이 특례는 취득가액을 높여 양도

| 증여재산 양도소득세 특례 내용 |

구분 및 상황	토지, 건물, 부동산취득권리, 특정시설물이용권	주식
	위의 자산을 배우자 및 직계존비속에게 증여받은 후 제3자에게 양도할 때	
특례 내용	취득가액을 '증여자의 당초 취득가액'으로 계산	
기간	증여일로부터 10년 이내 양도 (2022년 이전 증여분은 5년)	증여일로부터 1년 이내 양도
적용 시기	2023년 1월 1일 이후 증여분부터 적용	2025년 1월 1일 이후 증여분부터 적용
이미 납부한 증여세는?	양도차익 계산 시 필요경비로 사용 가능	

소득세를 줄이려는 행위를 방지하기 위해 마련되었습니다. 양도차익은 양도가액에서 취득가액을 빼서 계산하므로, 취득가액이 높아질수록 과세표준이 낮아져 세금 부담이 줄어들죠. 배우자와 직계존비속을 통해 이 구조를 활용하려는 시도를 막기 위해 규정을 세운 겁니다.

특히 배우자 간의 증여에서 증여재산공제 6억 원을 활용하면, 배우자에게 부동산 등을 증여받은 후 단기간 내에 매매하는 식으로 세금 부담을 대폭 줄일 수 있습니다. 공제에 맞춰 6억 원 정

| 양도소득세 계산 공식 |

양도가액

- 취득가액   ← 취득가액이 높을수록 양도소득세 감소

- 필요경비   ← 양도비용 등

양도차익

- 장기보유특별공제   ← 3년 이상 보유한 부동산인 경우

양도소득금액

- 기본공제   ← 250만 원

양도소득 과세표준

× 세율   ← 6~48% 누진세율
            (다주택자 및 비사업용토지는 중과세)

산출세액

- 세액공제 및 감면

결정세액

도의 자산을 증여하고 이를 빠르게 양도하면 양도가액과 증여받을 당시의 취득가액이 크게 차이 나지 않으니까요. 증여세와 양도세를 거의 내지 않고 처분할 수 있는 셈이죠.

해당 특례는 세법이 이 지점을 놓치지 않고 세금이 누락되는 것을 방지하고자 특별히 마련한 사항입니다. 그러니 배우자나

부모에게 증여받은 부동산을 양도하고 싶은 경우, 증여일로부터 10년이 지났는지를 가장 먼저 따져봐야 합니다.

옆의 표와 함께 간단한 예시를 보겠습니다. 부모가 1억 원에 취득한 상가를 1년 뒤 자녀에게 1억 8,000만 원에 증여한 다음, 8년이 지나 자녀가 타인에게 3억 원에 양도하는 경우를 가정할게요.

시기를 보면 자녀가 증여받은 후 10년이 지나지 않은 시점입니다. 그래서 상가를 제3자에게 팔 경우 양도소득세의 취득가액은 1억 8,000만 원이 아닌 '부모가 애초에 취득한 금액'인 1억 원으로 계산됩니다. 대신 자녀가 증여 당시 냈던 증여세는 필요경비로 공제해줍니다.

특례가 없다고 가정했을 때의 세금은 증여세 1,552만 원과 양도소득세 1,685만 원을 합친 3,237만 원입니다. 반면 특례를 적용한 상황에서의 양도소득세는 3,663만 원이고요. 확실히 특례를 적용해야 세금 부담이 커짐을 확인할 수 있습니다.

두 계산 간의 차이는 약 420만 원으로, 사실 그렇게 크지 않다고 생각할 수도 있겠습니다. 하지만 자녀가 증여를 받을 때 들어가는 취득세 등의 부대비용까지 생각하면 실질적인 차이는 더 벌어집니다. 상가를 증여로 취득하는 경우 4%의 세율로 취득세가 붙으니 (1억 8,000만 원의 4%인) 720만 원을 취득세로 납부해야 하고, 여기에 등기 수수료 등의 비용까지 더해지면 손실이 커지죠.

부모가 자녀에게 증여 시 납부하는 증여세		자녀가 제3자에게 양도할 때 내는 양도소득세	
증여재산가액	1억 8,000만 원	보유 기간	8년
- 증여재산공제	5,000만 원	양도가액	3억 원
증여세 과세표준	1억 3,000만 원	- 취득가액	1억 8,720만 원
× 세율	20%	- 필요경비	-
산출세액	1,600만 원	양도차익	1억 1,280만 원
- 신고세액공제	48만 원	- 장기보유 특별공제	1,804만 원
납부할 세액	1,552만 원	양도소득금액	9,476만 원
		- 기본공제	250만 원
		과세표준	9,226만 원
		× 세율	35%
		산출세액	1,685만 원
증여세와 양도소득세 합계			3,237만 원

| 특례를 적용한 세금 계산 |

보유 기간	9년	
양도가액	3억 원	
- 취득가액	1억 원	← 증여자의 취득가액
- 필요경비	1,552만 원	← 이미 납부한 증여세
양도차익	1억 8,448만 원	
- 장기보유특별공제	3,320만 원	
양도소득금액	1억 5,128만 원	
- 기본공제	250만 원	
과세표준	1억 4,878만 원	
× 세율	35%	
산출세액	3,663만 원	

참고로 이런 계산 방식은 '특례를 적용하지 않았을 때 내는 세금', 즉 부모가 자녀에게 증여할 때의 증여세와 자녀가 타인에게 양도할 때의 양도소득세의 합계액이 '특례를 적용했을 때의 세금'보다 적은 경우에만 적용됩니다. 그렇다고는 해도 납세자 입장에서는 억울함이 생깁니다. 개인의 재산권 행사를 국가가 너무 제한하는 것 아닌가 싶기도 하고요. 소유권은 나에게 있지만 처분권은 제한된 상가라니……. 국세청이 간접적으로 부동산의 보유를 강제하는 것처럼도 보입니다.

여기서 등장하는 개념이 **조세형평성**입니다. 특수관계인에게 증여 후 양도하는 경우와 일반적인 양도의 경우가 조세부담 측면에서 공평해야 한다는 논리입니다. 하지만 납세자 입장에선 증여받은 재산을 제3자에게 파는 데 10년이란 제한이 걸리는 셈인데, 과연 이를 공평하다고 할 수 있을까요? 심지어 기존의 기준이었던 '5년'에서 최근 '10년'으로 오히려 그 기간이 늘어난 만큼, 납세자의 권익에 대해선 생각해볼 여지가 있겠습니다.

# 상속받은 꼬마빌딩도 감정평가를 받아야 할까?

“상가 건물을 증여하면 주택보다는 세금을 좀 덜 낼까요?”

“상속받은 꼬마빌딩이 하나 있는데요. 이것도 감정평가를 받아야

　할까요?”

몇 년 전까지만 해도 건물을 증여받거나 상속받는 경우, 해당 건물의 평가액으로 공시가격을 적용하는 사례가 많았습니다. 그리고 공시가격은 보통 시가보다 매우 낮은 수준으로 고시되죠. 때문에 주택보다는 건물을 증여하면 세금을 조금 덜 낼 수 있다는 점이 선호되어, 이 부분을 이용해 증여를 실행하기도 했습니다. 다만 2020년대에는 이야기가 다릅니다. 국세청이 비주거용

건물에 대해 자체적으로 감정평가를 내리고, 시가에 맞춰 평가해 세금을 부과하고 있거든요.

2025년 발표된 국세청 보도자료에 따르면, 서울 성수동 카페 거리의 '꼬마빌딩'을 상속받은 A씨는 기준시가를 적용한 60억 원으로 상속세를 신고했습니다. **기준시가**는 세금을 부과할 때 적용되는 부동산의 기준가액이에요. 토지는 개별공시지가, 주택은 개별주택가격, 아파트는 공동주택가격을 적용합니다.

다만 국세청은 이 금액이 근처 부동산의 시세와 비교할 때 너무 낮은 금액이라고 판단했습니다. 그리고 전문 평가사를 통해 자체 감정평가를 진행했죠. 결국 해당 꼬마빌딩은 320억 원으로 평가되었습니다. 이는 A씨가 신고한 금액에서 433%나 오른 금액이었습니다.

여러분이 꼬마빌딩주라면 어떠실 것 같나요? 세법 규정에 따라 공시가격으로 평가해 상속세 신고도 하고 납부도 다 했는데, 갑자기 평가 기준을 바꿔서 세금을 더 내라니……. 그것도 수백억 원을 말이에요. 꼬마빌딩의 평가액이 320억 원이라면 세금은 적어도 100억 원 이상 나올 겁니다.

앞서 언급했듯 국세청은 상속·증여받은 부동산을 시가에 맞게 평가하기 위해 2020년부터 **부동산 감정평가사업**을 운영 중입니다. 2024년까지 꼬마빌딩 896건을 감정평가했고, 신고액(5조 5,000억 원) 대비 75% 증가한 가액(9조 7,000억 원)으로 과세했다는 발표도 냈습니다. 즉 지난 5년간 꼬마빌딩주들은 상속·증여받은 꼬마빌딩에 대해 자진 신고한 금액 대비 평균 75% 더 높은 가액으로 평가받아 세금을 추가로 내야 했습니다. 꼬마빌딩주들은 무척 억울해했고, 국세청의 처분을 받아들일 수 없다며 조세불복을 청구한 후 법원에 소송을 제기했습니다.

이렇게 납세자들의 조세 저항이 극렬한 상황임에도, 국세청은 상속세 및 증여세법 시행령까지 개정해서 감정평가사업을 확대하는 중입니다. 감정평가사업의 예산은 2024년 45억 원에서 2025년 96억 원으로 대폭 확대되었다가, 2025년 초 정권이 바뀌며 2026년 예산안에서는 30% 삭감된 약 67억 원 정도로 편성되었습니다. 한편 국세청은 감정평가 대상 자산을 꼬마빌딩에서 나아가 고가 아파트, 단독주택, 분양권, 비상장주식 등으로까지 확대하고 있습니다.

국세청이 감정평가사업을 적극적으로 확대하려는 이유는 무엇일까요? 이와 관련해, 몇 가지 체크해야 할 사항들이 있습니다.

시가란 무엇인가

증여상속에서 '재산의 평가'는 무엇보다 중요하죠. 세법에서는 재산가액을 상속개시일 및 증여일 당시의 '시가'에 따르도록 규정하고 있습니다. 시가의 개념도 명확히 정해뒀고요.

원칙이 있긴 하지만, 시가를 산정하기 어렵거나 거래 사례가 충분하지 않은 경우에는 세법에서 정한 '보충적 평가방법'을 적용할 수 있습니다. 이는 재산의 종류와 규모, 거래 특성 등을 고려해 법령이 정한 기준에 따라 가액을 산정하는 방식입니다. 부동산의 경우엔 공시가격이 기준이 됩니다. 토지는 개별공시지가를, 단독주택은 개별주택가격을, 아파트는 공동주택가격을 적용하는 방식입니다. 공시가격이 존재하지 않는 비주거용 건물 등은 토지의 개별공시지가와 국세청이 고시한 계산 기준에 따라 산출한 건물가액을 합산해 평가하고요.

아파트나 오피스텔 등은 면적·위치·용도 등이 유사한 물건이 많아, 매매사례가액 등을 상속·증여재산의 시가로 활용하기 좋

☞ 더 정확히 알아보자! 세법상 시가의 개념

① 불특정다수인 사이에 자유롭게 거래가 이뤄지는 경우에 통상적으로 성립된다고 인정되는 가액
② 해당 또는 유사재산의 매매, 감정, 수용, 공매가액

습니다. 아파트는 동일한 단지 내에 면적이나 층수가 비슷한 호수가 여러 채 있으니까요. 하지만 비주거용 건물은 아파트 등과 달리 물건별로 개별적 특성이 강합니다. 비교 대상 물건이 거의 없고, 거래도 빈번하지 않아 매매사례가액 등을 확인하기 어렵습니다. 그래서 이전까지는 꼬마빌딩 등 비주거용 건물을 대부분 공시가격으로 평가하고 신고해왔던 겁니다.

다만 이 경우 공시가격 현실화율이 매우 낮아 일부 자산가들이 저평가된 비주거용 부동산을 편법 증여 수단으로 악용하는 등 과세형평성 논란이 일기도 했습니다. 이에 국세청이 나서 감정평가사업을 시행한 것이죠. '부동산 공시가격 현실화 정책'에 발맞춰, 비주거용 부동산에 대한 불공정한 평가 관행을 개선하고 시가에 근접하게 평가함으로써 과세형평성을 높이려는 목적이었습니다.

국세청이 하는 감정평가, 기한도 달라졌다

감정평가를 적극적으로 활용하기 위해 국세청은 상속세 및 증여세법 시행령까지 개정했습니다. 기존에는 상속세와 증여세의 시가를 평가할 때 평가기준일(상속세의 경우 상속개시일, 증여세의 경

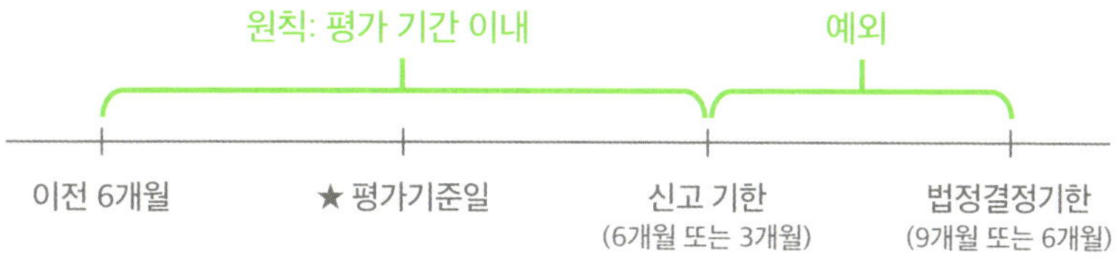

우 증여일)을 기준으로 그 이전 6개월부터 상속세는 이후 6개월, 증여세는 이후 3개월까지의 기간에 해당하는 가액만 시가로 인정했습니다.

그러나 개정 후엔 기간이 넓어졌어요. 납세자가 신고를 마쳤다 해도, 신고 기한이 지난 뒤 국세청이 결정해야 하는 법정결정기한(상속세는 신고 기한으로부터 9개월, 증여세는 신고 기한으로부터 6개월) 내에 산출된 감정가액이 시가가 될 수 있습니다. 납세자가 세금을 신고한 후 국세청이 감정평가를 하게 뇌면 기존의 평가 기간 규정만으로는 대응이 어려웠거든요. 시행령을 개정해 새로운 법적 근거를 마련한 셈입니다.

상속세와 증여세는 대표적인 '정부 부과' 세금입니다. 납세자가 신고를 한다 해도 협력 의무에 불과할 뿐, 반드시 정부가 과세표준과 세액을 '결정'해야 합니다. 납세자의 신고에서 끝나지 않고 정부의 조사와 결정이 필요한 겁니다. 다시 말해 납세자가 신고한 꼬마빌딩의 평가액이 적정한지, 시가와 비교할 때 큰 차이가 없는지 등을 확인하는 절차는 정부의 의무이기도 합니다.

보통 이 절차가 상속세의 경우 신고 기한 경과 후 9개월 이내, 증여세의 경우 신고 기한 경과 후 6개월 이내에 이뤄져요. 그 기한을 두고 **법정결정기한**이라 부릅니다. 그렇기에 국세청이 해당 기한 내에 감정평가한 가액도 시가로 쓸 수 있도록 시행령을 개정했던 겁니다.

감정평가 대상, 선정 기준은 무엇일까

꼬마빌딩주들이 억울함을 토로했던 이유는 하나 더 있습니다. 국세청이 이 감정평가사업을 시작할 당시엔 감정평가 대상이 되는 '선정 기준'을 공개하지 않았기 때문입니다. 국세청은 구체적인 기준 대신 '시가와 차이가 크고 고가인 경우'라고만 언급했습니다. 그 결과 꼬마빌딩을 똑같은 금액에 공시가격으로 신고한 납세자라도 누구는 감정평가 대상자로 선정되어 세금 폭탄을 맞고, 누구는 신고한 대로 받아들여지는 상황이 발생한 겁니다. 국세청이 늘 최우선으로 내세우는 '공평과세'는 사라지고 '복불복'으로 세금을 내게 된 셈이죠.

국세청은 당시 '구체적인 금액 기준 등이 외부로 공개될 경우

조세 회피 목적에 악용되어 공정한 업무 수행에 큰 지장을 초래
할 우려가 있으므로 공개하기 어렵다'고 말했는데요. 납세자들
은 형평성에 어긋난다며 거세게 반발했습니다. 이후 국세청은
상속세 및 증여세법 사무처리규정을 개정해, 감정평가 대상 선
정 기준을 명문화했습니다. 내용은 아래와 같습니다.

① 추정 시가와 신고한 가액의 차이가 5억 원 이상이거나 차액의
비율이 10% 이상일 때 감정평가를 할 수 있음
② 기존에는 비주거용 부동산에 한정했지만, 개정 후 고가 아파트
와 단독주택, 입주권 및 분양권까지 대상 자산 확대

역대급 세수 결손,
조용한 증세를 위한 방법

기획재정부는 2023년과 2024년의 세수 결손이 각각 56조 4,000억
원, 30조 8,000억 원에 달한다고 밝혔습니다. 나라살림연구소
의 2024년 발표에 따르면 정부의 감세 정책이 시행된 직후인
2023년 국세 수입은 전년 대비 13.1% 감소했습니다. 이는 외환
위기(-3%)나 코로나19 팬데믹(-2.7%) 당시보다도 훨씬 큰 폭인데
요. 역대급 세수 결손에 정부의 고심도 이만저만이 아닐 듯합니

다. 결국 부족한 세수를 메우기 위해서는 증세하는 방법밖엔 없을 테고요. 예컨대 2026년부터 적용되는 법인세율은 과세표준 구간에 따라 기존 9~24%에서 10~25%로 인상되었습니다.

국가가 세금을 부과하기 위해서는 네 가지 요건이 필요합니다.

납세의무자, 과세 물건, 과세표준, 세율

즉 과세 대상이 무엇이며(과세 물건), 그 대상 물건의 과세 기준은 어느 정도이며(과세표준), 어느 정도의 세율을 적용해(세율) 누구에게 과세할 것인지(납세의무자)가 정해져야 세금을 부과할 수 있습니다. 그러므로 세금을 더 걷고 싶다면, 과세표준을 늘리거나 세율을 올리거나 납세의무자를 확대해야 합니다. 물론 세금의 공제나 감면 혜택을 줄이는 것도 방법입니다. 하지만 이런 변경은 국회를 통과해야 하는 법률 개정사항이라 쉽지 않습니다. 이럴 때 정부는 과세표준을 조정하는 방식으로 '조용히' 증세하는 길을 택하기도 합니다.

예를 하나 들어볼게요. 과거 정부의 '종부세 폭탄' 논란, 기억하시나요?

종합부동산세를 계산하려면 우선 '내가 가진 주택의 공시가격을 모두 합쳐 9억 원을 초과하는 부분'에 '공정시장가액비율'을 곱해 과세표준을 산출해야 합니다. 여기에 다시 세율을 곱해 종합부동산세액을 결정하는 식이죠. 화제가 된 것은 **공정시장가액비율**이었습니다. 문재인 정부가 가파른 집값 상승을 억제하려 종부세를 강화하는 과정에서 공정시장가액비율을 매년 끌어올린 겁니다.

당시 공정시장가액비율은 2018년 80%에서 2019년에 85%로, 다시 2020년에 90%로, 2021년에는 95%까지 올랐습니다. 집값과 공정시장가액비율이 함께 올랐던지라 종부세 폭탄은 눈덩이처럼 커졌습니다. 그러다 2022년 윤석열 정부가 들어서며 주택 공정시장가액비율은 60%로 대폭 낮아졌고, 이 수치는 정권이 바뀐 후에도 유지되고 있습니다.

이렇듯 공정시장가액비율을 변경하면 종부세의 과세표준을 조정하는 게 가능합니다. 이런 조정을 통해 종합부동산세를 강화 혹은 완화하며 정부가 원하는 방향으로 세금 정책을 실행할 수 있고요. 공정시상가액비율은 법률 개정 없이 시행령 개정만으로도 즉시 적용이 가능한 영역입니다. 정부가 특정한 목적을 생각하며 손쉽게, 또 조용히 활용하는 방법인 한편 납세자들에게 미치는 파급력도 어마어마합니다.

국세청의 감정평가사업도 비슷한 맥락입니다. 감정평가사업을 시행해 과세표준이 되는 재산가액 자체를 높게 산정함으로써 부과되는 세액을 늘리는 효과를 노린 겁니다.

나아가 국세청은 법원에서도 승소 판결을 받았습니다. 앞서 꼬마빌딩주들이 국세청의 처분에 불복하며 소송을 제기했다고 이야기했죠? 법원은 당시 국세청의 손을 들어줬습니다. 정부 부과 세금인 상속세와 증여세의 과세표준 및 세액을 결정하는 과정에서 감정평가를 하는 것은 과세관청의 정당한 권한이며, 공시가격과 시가의 차이가 지나치게 큰 일부 고가 부동산을 감정평가하는 일은 조세형평주의에 위배되지 않는다는 논리였습니다.

하지만, 최근 이 시행령 자체가 위법하다는 새로운 법원의 판결이 나왔는데요. 법원은 "과세관청에만 평가 기간 경과 후에도 감정평가를 허용하면서 납세자는 6개월 내 신고해야 하는 구조적 불균형이 존재한다"라며 "시가 인정 기준이 과세관청과 납세자 사이에 다르게 적용되어 조세법률주의에 위배된다"고 판결했습니다. 다만 이 판결은 서울행정법원의 판단이며 최종심은 아니어서 다음 상급심에서 어떻게 판단할지 지켜봐야 합니다.[3]

이렇듯 납세자와 과세관청과의 의견이 팽팽하게 맞선 가운데, 국세청은 관련 법령을 더 정교하게 다듬어 과세할 준비를 하고 있을 것으로 예상됩니다.

상속받은 건물,
상가일까 주택일까?

"상속받은 건물 1층은 상가, 2층은 주택으로 임대 중이고 3층은 아
버지가 돌아가시기 전까지 살고 계셨어요. 이 건물은 주택으로 보
나요, 상가로 보나요?"

'상가주택'은 노후 대책의 아이템으로 선호하는 부동산입니
다. 주택에 실거주하면서 나머지 주택과 상가에서 임대료를 받
을 수 있어 주거와 수익을 모두 기대할 수 있기 때문입니다. 그런
데 이런 상가주택을 상속받은 상속인들은 또 다시 고민에 빠지
기도 합니다. 이런 형태의 상가주택은 상가로 봐야 할까요, 주택
으로 봐야 할까요? 이미 주택을 한 채 보유하고 있는 상속인이라

면 이 상가주택이 상가인지 주택인지에 따라 1세대 1주택 혜택을 계속 받을 수 있는지의 여부가 달라질 수도 있습니다.

우선 상가주택 양도소득세는 상가와 주택의 연면적에 따라 다르게 과세합니다. 양도가액 12억 원 이하까지는 상가보다 주택의 연면적이 더 크면 상가주택 전체를 주택으로 보고 양도소득세를 계산합니다. 이때 12억 원 이하로 1세대 1주택 비과세 요건을 충족했다면 세금을 전혀 내지 않고 매도할 수 있습니다.

양도가액이 12억 원을 초과하는 경우는 상가 부분은 상가로, 주택 부분은 주택으로 보고 각각 양도소득세를 계산해야 합니다. 즉, 이 주택 하나로 1세대 1주택 비과세 요건을 충족했더라도 상가 부분은 일반 건물로 보고 양도소득세를 계산해야 하기에 상가 부분에 대한 양도소득세를 부담해야 합니다.

실제로 양도소득세를 계산해볼까요? 상속인이 상속받은 상가주택의 지하에는 노래방, 1층에는 음식점과 편의점이 있었습니다. 2층은 주택으로 월세를 주고 있었고 3층은 고인이 거주하던

| 양도가액 12억 원 이하인 상가주택 |

주택 연면적 > 상가 연면적		주택 연면적 ≤ 상가 연면적	
주택 → 주택	상가 → 주택	주택 → 주택	상가 → 상가
	비과세 가능		상가 양도세

주택 연면적 > 상가 연면적		주택 연면적 ≤ 상가 연면적	
주택 → 주택	상가 → 상가	주택 → 주택	상가 → 상가
비과세 가능	상가 양도세	비과세 가능	상가 양도세

곳으로 현재는 아무도 살고 있지 않습니다. 양도가액은 10억 원이며 상속으로 취득한 후 3년간 보유했다고 가정해봅시다.

우선 주택의 연면적은 51제곱미터, 상가의 연면적은 49제곱미터로 주택의 연면적이 상가 연면적보다 클 경우, 양도가액이 10억 원이므로 1세대 1주택 비과세 요건을 충족했다면 상가건물 전체를 주택으로 보고 비과세를 적용하기에 납부할 세금이 없습니다.

반대로 주택의 연면적이 49제곱미터, 상가의 연면적이 51제곱미터로 상가의 연면적이 주택 연면적보다 크다면 어떨까요? 상가분 양도소득세를 부담해야 합니다. 즉 주택 부분은 1세대 1주택 비과세 요건을 충족해서 납부할 세금은 없지만 상가분에 대한 양도소득세 약 5,000만 원은 납부해야 합니다. 결국 상가주택은 주택과 상가의 연면적에 따라 세금의 차이가 크게 발생할 수 있습니다.

	상가주택 전체를 주택으로 볼 때	상가분 양도소득세
양도가액		4억 원
- 취득가액		2억 원
- 필요경비		-
양도차익	양도가액 12억 원 이하 비과세	2억 원
- 장기보유특별공제		1,200만 원
- 기본공제		250만 원
과세표준		1억 8,550만 원
× 세율		38%
양도소득세		5,055만 원

* 상가분 양도가액 및 취득가액은 4억 원과 2억 원으로 가정

# 커피는 NO, 빵은 OK!
초대형 베이커리 카페의 비밀

수도권 외곽을 달리다 보면 '초대형 베이커리 카페'를 쉽게 찾아볼 수 있습니다. SNS 속 추천글에도 빠지지 않고 등장하는 곳들이죠. 저 역시 빵과 커피를 좋아해 어딜 가든 이름난 카페부터 찾곤 합니다.

하지만 화려한 인테리어와 수많은 직원, 100평이 훌쩍 넘는 넓은 공간을 볼 때면 문득 의문이 생기기도 합니다. 도심에서 벗어난 지역에서 이 정도의 규모로, 정말 수익을 남길 수 있을까요?

국세청의 조사에 따르면, 면적 100평 이상의 대형 베이커리 카페는 2014년에 비해 2024년에 5배가량 늘었습니다.[4] 여기에는 여러 이유가 있겠지만 진짜 포인트는 바로 **가업승계 특례**를 이용한 세금 절감 효과입니다. 이 가업승계 특례는 상속세와 증여세에 모두 적용할 수 있습니다. 부모가 살아생전에 증여를 해도 사망 후에 상속을 해도, 일정 요건을 갖추면 혜택을 받는 게 가능합니다.

베이커리 카페, 특례 계산으로 알아보자

증여의 경우부터 살펴봅시다. 만약 50억 원짜리 토지를 자녀에게 그냥 증여할 경우, 증여재산공제액 5,000만 원을 공제하고 50%의 최고세율을 적용해 약 20억 원을 증여세로 내야 합니다. 반면 베이커리 카페를 창업해서 운영하다가 증여할 경우 **가업승계 증여 특례**를 적용받아 증여세를 절감할 수 있습니다. 증여재산가액 50억 원에서 10억 원을 공제받고, 증여세율 10%가 적용되거든요. 그 결과 증여세는 4억 원으로 줄어듭니다. 16억 원 정도의 세금을 아끼는 셈이죠.

단, 이 특례를 적용받는 데도 조건이 필요합니다. 부모가 베이커리 카페로 법인을 세워서 10년 이상 경영해야 합니다. 또 자녀는 가업승계 후 5년 동안은 직접 카페를 운영해야 해요. 그러니까 부모와 자녀가 도합 15년간은 카페를 운영해야 이런 방식의 절세가 가능한 겁니다.

상속에서도 절세 효과를 볼 수 있습니다. 중소기업 또는 중견기업으로서 피상속인이 10년 이상 계속해 기업을 경영한 경우,

| 가업승계로 절세가 가능한 요건 한눈에 보기 |

가업 승계 증여 특례의 요건	기업 요건	• 증여자가 10년 이상 계속 경영한 기업 • 중소기업 또는 중견기업
	증여자 (주는 사람) 요건	• 60세 이상의 부모 • 10년 이상 계속 경영 • 최대주주로서 40%(20%) 이상 　10년 이상 보유
	수증자 (받는 사람) 요건	• 18세 이상 거주자인 자녀 • 증여세 신고 기한까지 가업에 종사 • 증여일로부터 3년 이내 대표이사로 취임
가업 상속 공제의 요건	기업 요건	• 피상속인이 10년 이상 계속 경영한 기업 • 중소기업 또는 중견기업
	증여자 요건	• 피상속인이 10년 이상 계속 경영 • 최대주주로서 40%(20%) 이상 　10년 이상 보유
	수증자 요건	• 상속개시일 현재 18세 이상 거주자인 자녀 • 상속개시일 이전 2년 이상 가업에 종사 • 상속세 신고 기한까지 임원으로 취임하고, 　2년 이내에 대표이사로 취임

| **가업승계 증여 특례** |

가업승계 증여 특례로 받는 혜택	
증여재산공제액	10억 원
증여세율	• 과세표준 120억 원 이하: 10% • 과세표준 120억 원 초과: 20%
계산식	
(증여재산가액 − 10억 원) × 10%(혹은 20%) = 증여세	

| **가업승계 특례, 혜택 비교하기** |

	50억 원의 토지를 그냥 증여할 때	베이커리 카페를 가업승계로 증여할 때
증여재산가액	50억 원	50억 원
- 증여재산공제액	5,000만 원	10억 원
과세표준	49억 5,000만 원	40억 원
× 세율	50%	10%
산출세액	약 20억 원	4억 원

가업상속재산가액에 상당하는 금액을 일정 한도 내에서 공제받을 수 있어요. 피상속인이 기업을 계속 경영한 기간이 10년 이상이면 300억 원, 20년 이상이면 400억 원, 30년 이상이면 600억 원 한도 내에서 **가업상속공제**가 가능합니다.

왜 하필 베이커리 카페일까

그렇다면 왜 그냥 카페도 아니고 빵을 파는 '베이커리' 카페일까요? 여기에도 당연히 이유가 있습니다. 세법에서 빵집은 가업승계 특례가 적용되는 업종으로 분류되지만 커피전문점은 특례에서 제외되기 때문입니다.

가업승계 특례가 세금을 회피하기 위한 수단으로 악용되는 데는 이처럼 업종 관련 이슈가 크다는 의견도 있습니다. 가령 치킨집은 특례 적용이 가능한 업종인데, 호프집이나 주점은 특례를 받을 수 없습니다. 또 제조업은 특례 적용이 가능하지만 도소매업은 불가능하고요.

예를 들어볼까요? 강릉에 위치한 카페 '테라로사'는 우리나라 1세대 바리스타가 운영하는 곳입니다. 중소벤처기업부가 선정하는 '백년가게'로 지정되기도 했죠. 참고로 백년가게는 업력이 30년 이상인 소상공인을 대상으로 100년 이상 존속 성장이 가능하도록 지원하는 제도입니다.

그런데 정작 백년가게인 테라로사는 가업상속공제를 받지 못했습니다. 과세 특례가 적용되지 않는 업종인 '커피전문점'에 해당했기 때문입니다. 가업상속공제가 경제의 근간이 되는 중소기업 등 기업의 원활한 승계를 지원하고, 나아가 경제 발전과 고용 유지의 효과를 도모하기 위한 제도라는 점을 고려할 때 이는 그

취지를 잘 살리지 못한 대표적인 사례입니다.

다행히 최근 이러한 미비점을 보완하기 위해 상속세 및 증여세법이 개정되었는데요. 2025년 2월 28일 이후 상속이 개시되는 분부터는 가업상속공제 적용 대상 업종에 '백년가게' 사업이 새롭게 포함되었습니다.

이 특례는 마냥 편한 방법만은 아닙니다. 부모가 10년, 자녀가 5년은 기업을 운영해야 하니까요. 굉장히 장기적인 준비가 필요하고, 절세 측면만 봐서 결정할 수는 없는 문제입니다. 아울러 상속세와 증여세에서 모두 가업승계 특례를 규정하고 있긴 하지만, 장기전이 필수인 만큼 상속보다는 증여 특례를 고려하는 것이 현실적입니다.

무엇보다 특례에는 늘 사후관리 규정이 있어서 특례 요건을 계속 유지하는 것이 중요합니다. 가업을 영위하는 동안 휴업이나 폐업을 해서도 안 되고 자녀가 법인의 지분을 최대주주로서 40% 이상, 10년 이상 계속 보유해야 하죠. 이를 어기면 절감된 증여세를 추징하고 이자까지 내야 합니다.

창업하는 자녀에게
도움을 주고 싶다면,
이 규정을 살펴보자

"자녀가 음식점 창업을 준비 중인데, 상가 보증금 같은 일부 자금을 지원해주고 싶어요. 이런 경우에도 증여세를 내야 하나요?"

가업승계뿐 아니라 자녀가 직접 창업을 하는 상황에서도, 부모가 사업 자금을 지원해주며 증여세 혜택을 받을 수 있습니다. 창업은 투자와 고용을 창출해 경제를 활성화하는 데 긍정적인 영향을 주니까요. 특히 중소기업 창업을 위한 자금을 증여하는 경우에는 일반적인 상속세 및 증여세법이 아니라, 조세특례제한법에서 별도로 정한 **창업 자금에 대한 증여세 과세 특례** 규정을 통해 특별한 혜택을 적용받을 수 있습니다.

자녀에게 재산을 증여할 경우, 일반적으로는 10년간 5,000만 원을 공제하고 10~50%의 누진세율을 적용해 증여세를 과세합니다. 하지만 창업 자금을 자녀에게 증여할 땐 증여재산가액 50억 원(신규 직원 10명 이상 고용 시 100억 원)을 한도로, 창업 자금 증여재산가액에서 5억 원을 공제한 후 10%의 세율로 증여세를 부과합니다. 일반적인 증여와 달리 5억 원까지는 세금을 내지 않는 데다 누진세율 대신 10%라는 낮은 단일세율이 적용되기에 절세 효과가 쏠쏠합니다.

이 특례는 18세 이상의 자녀가 60세 이상의 부모로부터 중소기업을 창업할 목적으로 현금 등을 증여받는 경우에 적용할 수 있습니다. 이때 증여재산의 범위와 특례 적용 가능 업종의 범위는 세법의 제한에 따릅니다. 증여 대상 자산은 '양도소득세 과세 대상이 아닌 재산'으로 규정되기 때문에 창업 자금은 주로 현금과 예금 등입니다. 과세 특례가 적용되는 대표적인 업종은 음식점과 빵집, 미용실 등이에요. 그래서 반드시 창업 전에 과세 특례가 적용되는 업종인지 검토가 필요합니다(180쪽 참고).

창업 자금 증여 금액은 앞서 살펴본 가업승계 증여 특례와 마찬가지로 사후관리 규정을 두고 있습니다. 따라서 다음 장의 표와 같은 사유에 해당할 경우 일반적인 증여와 동일하게 다시 증여세를 계산해 납부해야 해요. 이때는 가산세까지 추징되기 때문에 주의해야 합니다.

| 창업 자금 증여 후, 문제가 되는 상황 |

시기	기간	상황
창업 자금 증여일로부터	2년 이내에	창업을 하지 않은 경우
	4년 이내에	해당 목적에 사용하지 않은 경우
	10년 이내에	창업 자금을 사업 용도 외의 용도로 사용하는 경우
창업 후	10년 이내에	해당 사업을 정당한 사유 없이 휴업·폐업하는 경우

사후관리 외에도 더욱 주의해야 할 사항이 있는데요. 바로 창업 자금에 대한 증여세 과세 특례를 적용받은 경우, 해당 증여재산은 부모가 사망할 때 증여 시기에 관계없이 상속재산에 합산해서 과세한다는 점입니다. 즉 창업 당시에는 과세 특례를 통해 증여세 부담을 줄여주지만 상속이 개시되면 다시 정산해 세금을 부과하는 식입니다.

그럼에도 이 규정의 장점은 명확합니다. 창업을 준비하는 자녀가 사업의 기반을 만들고 사업을 통해 경제력을 갖추는 데 있어 세금 부담을 덜어준다는 점이죠. 잘 활용하면 자녀의 창업에 커다란 보탬이 됩니다.

디지털 유산

보이지 않는 자산도
자산이다

코인을 증여해도
세금을 내야 한다고?

가상자산은 아직 과세 대상이 아니라고 생각하는 분이 정말 많습니다. 사실 과세당국도 가상자산 거래에 대한 고민이 많긴 합니다. 2022년부터 가상자산의 양도 및 대여로 발생하는 소득을 기타소득으로 보고 과세하고자 했던 규정도 시행일이 계속 미뤄지는 상황이고요. 우선은 2027년 1월 1일 이후 거래분부터 시행될 예정이지만, 또 어떻게 변경될지는 미지수입니다.

하지만 가상자산을 상속·증여하는 경우에는 2022년 1월 1일 귀속분부터 과세하도록, 이미 법률로 규정되어 있습니다. 당연

| 상속세 및 증여세법이 정하는 평가 방법 |

가상자산	상장주식
평가기준일 이전·이후 각 1개월 동안 가상자산사업자가 공시하는 일평균가액의 평균액	평가기준일 이전·이후 각 2개월 동안 공표된 매일의 거래소 최종시세가액의 평균액

히 가상자산의 평가 방법에 관한 규정도 있어요. 가상자산을 증여할 경우, 평가액은 평가기준일(상속개시일 또는 증여일) 이전·이후 각 1개월 동안의 일평균가액의 평균액으로 삼습니다. 이 평가 방법은 우리가 알고 있는 상장주식의 평가 방법과 비슷합니다. 다만 가상자산은 최종시세가액(종가) 개념이 없으므로 '일평균가액'의 평균액으로 정한 겁니다.

상장주식은 매일의 최종시세가액을 거래소에서 공표합니다. 반면 가상자산의 일평균가액은 '국세청장이 고시한 가상사산사업자'가 공시하는 일평균가액을 기준으로 적용해요. 현재 국세청장이 고시한 가상자산사업자는 정보보호관리체계 인증을 획득하고, 은행 실명계좌를 확보해 금융정보분석원에 신고가 수리된 총 다섯 개의 사업자입니다.

그렇다면 가상자산의 일평균가액의 평균액은 어떻게 계산될까요? 우선은 B라는 가상자산이 국세청장이 고시한 사업장에서 모두 거래되는 자산이고, 2026년 3월 2일에 여러분이 B 하나를

| 국세청장이 고시한 가상자산사업자 목록 |

상호	사업장 소재지	지정 기간
두나무 주식회사	서울시 강남구 테헤란로4길 14	2022.1.1.~
주식회사 빗썸코리아	서울시 강남구 테헤란로 124	2022.1.1.~
주식회사 코빗	서울시 강남구 테헤란로5길 7	2022.1.1.~
주식회사 코인원	서울시 영등포구 여의대로 108	2022.1.1.~
주식회사 스트리미	서울시 강남구 봉은사로 179	2025.1.1.~

* 국세청고시 제2024-37호(2024.12.31.)

| 가상자산 B의 일평균가액 평균액 구하기 |

일자	가상자산 사업장	B의 일평균가액	일평균가액의 평균액
2026.02.02.	두나무	11,000원	
2026.02.02.	빗썸	12,000원	
2026.02.02.	코빗	13,000원	12,200원
2026.02.02.	코인원	13,000원	
2026.02.02.	스트리미	12,000원	
⋮	⋮	⋮	⋮

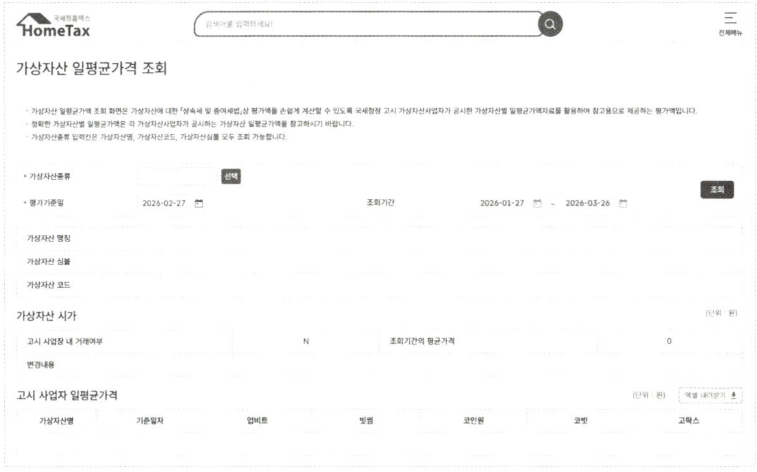

> ↘ 국세청 홈택스의 가상자산 일평균가격 조회 서비스. 굳이 계산기를 두드리지 않아도 간편한 조회가 가능합니다.

증여받았다고 가정해봅시다. 이때 평가 대상 기간은 2026년 2월 2일을 기산일로 잡아 2026년 4월 1일까지 2개월간입니다. 이 기간에 B가 거래되는 다섯 개의 가상자산 사업장에서 공시하는 일평균가액의 평균액을 기준으로 2개월간의 평균액을 계산하면 됩니다.

하나하나 직접 셈해볼 필요 없이, 국세청 홈택스에서도 손쉽게 확인이 가능합니다. '가상자산 일평균가격 조회 서비스'가 제공되고 있거든요. 홈택스에서 가상자산의 종류와 평가기준일을 입력하면 각 가상자산사업자의 일평균가액이 바로 조회됩니다.

양도와 대여에도
세금이 붙게 된다면

'가상자산의 양도 또는 대여로 인한 소득'에 붙는 세금 이야기도 한번 알아봅시다. 아직은 과세 제도가 시행되기 전이지만, 미리 알고 대비하는 편이 불필요한 부담을 방지하는 최선의 방법이니까요.

2027년 1월 1일 이후 가상자산을 매매, 교환하거나 대여함으로써 발생하는 소득은 기타소득으로 쳐서 과세합니다. 소득세를 부과하기 위해서는 총수입금액에서 필요경비를 차감한 소득금액을 산출해야 하는데요. 가상자산의 '양도가액(혹은 대여 대가)'에서 가상자산의 '실제 취득가액'과 취득 또는 양도 당시의 각종 수수료 등 '부대비용'을 차감해 계산하면 됩니다. 이때 취득가액은 가상자산 주소별로 이동평균법 또는 선입선출법에 따라 산출합니다.

소득금액 = 양도가액(대여 대가) – 취득가액 – 부대비용

취득가액을 확인하기 어려울 땐 양도가액의 최대 50%를 필요경비로 의제해서 소득금액을 계산할 수 있습니다. 이럴 땐 별도의 부대비용이 인정되지 않습니다.

단, 2027년 1월 1일 전부터 보유하고 있던 가상자산의 취득가액은 2026년 12월 31일 당시의 시가와 그 가상자산의 취득가액 중에서 큰 금액으로 적용해야 합니다. 여기서 '2026년 12월 31일 당시의 시가'란 가상자산사업자의 사업장에서 2027년 1월 1일 0시에 가상자산별로 공시한 가상자산 가격의 평균을 의미해요.

그렇다면 가상자산을 양도(대여)할 때 실제로 세금은 얼마나 낼까요? 공식은 간단합니다. 앞서 계산한 소득금액에 연간 250만 원을 공제하고, 20% 세율을 적용해서 산출세액을 구합니다. 이 산출세액의 10%는 지방소득세로 별도로 납부해야 하고요.

실제 납부세액 = (소득금액 − 기본공제 250만 원) × 20%

예를 들어 여러분이 가상자산을 양도해 2,000만 원의 소득을 얻었다면, 기본공제 250만 원을 차감한 1,750만 원에 20% 세율을 적용한 350만 원을 소득세로 내야 합니다. 여기에 별도로 지방소득세 35만 원도 납부해야 해요. 한 해간 발생한 가상자산의 손익은 통산할 수 있으며, 이듬해 5월 종합소득세 신고 기간에 분리과세로 신고하면 됩니다. 분리과세인 만큼 다른 종합소득금액과 합산해서 과세하지는 않습니다.

물론 가상자산사업자 쪽에서도 챙겨야 할 부분이 있습니다. 2027년 1월 1일 이후 거래분부터는 가상자산 거래명세서 및 거래집계표를 각 분기 종료일로부터 2개월 내에 제출해야 하거든요. 가상자산 거래명세서에는 거래당사자와 가상자산의 종류, 거래 일자, 유형, 수량, 단가, 수수료, 거래 후 잔고까지 구체적인 현황이 모두 기재됩니다.

디지털 유산인 가상자산도 이제 재산적 가치를 인정받으며 과세 체계가 잡히고 있습니다. 몇 년 후 가상자산 과세는 어떻게 변해 있을까요? 새로운 형태의 자산인 만큼, 꾸준히 소식을 살피며 대비할 때입니다.

내 SNS 계정,
누구에게 어떻게 상속될까?

가상자산과 달리, 다른 디지털 유산들의 법적 지위와 과세 기준에는 아직 제도적 공백이 존재합니다. 우리나라에서 디지털 유산의 승계를 법의 영역으로 끌어오고자 했던 움직임은 대략 2010년부터였습니다. 당시에도 본인이 아니라면 SNS에 남긴 사진과 글, 지인의 연락처 등에 접근하기가 어려웠거든요. 즉 계정 주인이 사망하는 등의 유고 시에도 유족이 자료를 받을 수 있는 방법은 사실상 없었습니다.

일례로 2010년 천안함 사건 때 희생된 장병들의 사례를 꼽을 수 있습니다. 청년 장병들이 갑작스럽게 유명을 달리한 안타까운 사고였는데요. 당시 유족들은 고인의 개인 미니홈피에 접근할 권한을 싸이월드에 요청했지만, 개인정보 보호 등을 이유로 일부 자료만이 공개되었다고 합니다.

이후 18대 국회에서부터 디지털 유산 상속에 대한 법제화를 논의했지만, 상속 가능한 디지털 유산의 범위와 개인정보 보호 등 여러 문제에 대한 합의가 쉽지 않아 번번이 무산되어 왔습니다. 10여 년이 흐른 현재도 상황은 크게 달라지지 않았습니다.

그간 카카오와 네이버 등 주요 기업은 유고 시에도 고인의 사생활 보호 등을 이유로 이용자의 계정 정보를 유족에게 공개하지 않았습니다. 그런데 2025년 12월 발생한 무안 제주항공 여객기 참사 당시 유족들이 '부고를 알릴 수 있도록 고인의 카카오톡 등에 저장된 연락처를 알려달라'는 요청을 보내자, 정부가 이를 받아들였습니다. 이를 계기로 디지털 유산 상속에 대한 논의가 다시 추진될 것으로 보이는데요. 우리나라는 디지털 계정이나 데이터 자체를 상속재산 삼아 명시적으로 규정하는 법적 체계가 아직 마련되지 않았습니다. 결국 디지털 유산 상속과 관련된 문제에서 주요 기업들은 자체 방침에 따라 처리하는 상황입니다.

대표 기업들의
디지털 유산 방침

대표적인 정보통신서비스 사업자인 네이버가 공개한 '디지털 유산 관련 정책'을 살펴봅시다. 네이버는 '디지털 유품'을 사망한 사람이 남긴 모든 형태의 디지털 자료로 정의합니다. 이를 다시 아이디·비밀번호 등의 '계정정보', 이메일 내용 등의 '이용정보', 카페·블로그 등에 남긴 글·사진·영상 등의 '공개 정보'로 나눠 구분하죠.

이 세 가지 디지털 유산에 관한 처리 방법도 각각 다릅니다. 아이디·비밀번호 등의 계정정보는 유족의 요청이 있어도 제공하지 않는 것이 원칙입니다. 다만 고인과의 관계를 확인한 후 회원 탈퇴 처리는 가능합니다. 생전의 이용자 프라이버시 보호를 위해 비공개 이용정보도 제공하지 않아요. 단 전체 공개 블로그 등 계정에 로그인하지 않고서도 확인이 가능한 공개된 자료에 대해서는 가족증명서류, 동의서 등의 확인 절차를 거친 후 백업 서비스를 지원합니다.

카카오의 방침도 비슷합니다. 직계 가족이 요청할 경우 '추모 프로필'로 전환할 수는 있지만 아이디와 비밀번호는 제공하지 않습니다. 대화 내역이나 친구 목록 등의 비공개 정보도 사생활 보호를 이유로 공개하지 않고요. 넥슨이나 엔씨소프트 같은 게

임사는 가족관계증명서 등을 제출하면 상속 순위에 따라 고인의 계정을 이전해줍니다.

삼성전자는 갤럭시 S25부터 스마트폰 데이터 상속 기능을 도입했습니다. 최대 다섯 명의 유산관리자를 지정해 연락처·통화 기록·음성 녹음 등을 상속할 수 있어요. 다만 사진과 영상, 카드 정보, 건강 정보 등은 상속할 수 없는 정보로 분류됩니다.

글로벌 기업들도 우리나라와 크게 다르지 않습니다. 구글은

| 국내 기업과 해외 기업의 디지털 유산 상속 원칙 |

국내 기업	네이버	고인 계정 회원 탈퇴 처리 블로그 등 공개된 정보는 백업 가능
	카카오	직계 가족 요청 시 '추모 프로필' 전환 미사용 모바일 교환권 환불
	삼성전자	생전에 '유산 관리자' 지정 가능 연락처, 통화 기록, 음성 녹음 상속 가능
해외 기업	구글	생전에 '휴면 계정 관리자' 지정 가능 관리자가 고인의 계정 폐쇄를 결정
	메타	'기념 계정 관리자' 지정 가능 프로필 사진 변경 가능
	애플	'유산 관리자' 지정 가능 사진, 영상, 연락처 등 상속 가능

'휴면 계정 관리자'를 지정할 수 있어요. A라는 이용자가 일정 기간 계정을 사용하지 않으면, A가 미리 휴면 계정 관리자로 지정해둔 B에게 알림을 보내는 식입니다. 이후 B가 고인의 계정 데이터를 삭제하거나 공유하는 것이 가능합니다.

메타에서는 '기념 계정 관리자'를 지정할 수 있는데요. 이 관리자는 고인 계정의 프로필 사진을 변경하는 것이 가능하지만, 직접 고인의 계정에 접속할 수는 없습니다. 애플은 삼성과 유사한 '유산 관리자' 기능을 통해 사진·영상·연락처·메시지 등을 상속할 수 있도록 규정합니다.

상황을 살펴보면, 고인의 디지털 유산에 대한 '접근권'이 우선 논의되어야 할 듯합니다. 그래야 이것이 재산적 가치가 있는지, 상속재산으로 포함해 과세할 수 있는지 등도 따질 수 있으니까요. 현재 22대 국회에서는 디지털 유산 상속에 관해, 유족이 고인의 디지털 정보에 접근할 수 있는 절차 및 고인의 디지털 인격권 보호 근거를 법에 신설하는 내용 등 3건의 개정 법률안이 발의된 상태입니다.[5]

이 순간에도 디지털 유산은 쌓여가고 있습니다. 이를 고인이 남긴 재산으로 인정할 것인가 하는 기본적인 문제부터 유족에게 제공할 정보의 범위·절차까지, 입법으로 해결해야 할 부분이 참 많은데요. 하루빨리 명확한 방향성이 잡히기를 기대해봅니다.

디지털 유산 제도를 둘러싼
해외 주요국의 입장

2022년, 미국의 유명한 게임 유튜버 '테크노블레이드Technoblade'
가 23세의 젊은 나이에 암으로 사망하며 많은 이의 안타까움을
샀습니다. 동시에 그가 운영하는 유튜브 채널이 어떻게 처리되
는지도 화두에 올랐죠.

다행히 그는 자신이 사망한 후 유족이 그의 유튜브 채널을 운
영할 수 있도록 미리 준비해둔 상태였습니다. 사후에도 그의 채
널에는 고인을 추모하는 영상이나 암 연구 기금 마련을 위한 영
상 등이 업로드되었습니다. 구독자 수는 2022년 고인이 사망할
당시의 1,290만 명보다 더 늘어난 2,000만 명 이상이 되었고, 채
널에서 발생하는 수익은 유족에게 귀속되고 있습니다.

우리가 이용하는 온라인 계정들은 대개 해외 기업이 운영합니다. 특히 가상자산은 이미 국내외에서 과세 대상 자산으로 규정되어 있습니다. 우리나라도 과세권을 확보하려 해외 과세당국과의 정보 교환을 위한 법을 다듬는 중입니다. 그렇기에 디지털 유산을 이해하려면, 해외 주요국의 디지털 유산 정책도 알아둬야합니다.

미국과 영국:
세무당국의 엄격한 관리

미국은 대부분의 주에서 '디지털 자산 접근법RUFADAA'을 채택합니다. 2015년 미국 변호사 협회에서 제정한 이 법은 상속인이 디지털 유산에 접근할 수 있는 법적 근거를 마련했습니다. 서비스 제공자와 사용자, 디지털 자산 관리자라는 세 입장 사이의 균형을 유지하려 노력하고 있죠. 사용자가 생전에 디지털 자산의 처리 방식을 지정해두고, 고인의 동의 없이는 상속인이 디지털 유산에 접근할 수 없습니다.

미국 국세청IRS은 2014년부터 비트코인·이더리움·NFT 같은 암호화폐를 '재산property'으로 취급합니다. 즉 증여 및 상속의 과세 대상입니다. 2025년부터는 암호화폐의 모든 거래를 IRS에 신고하도록 규정하고, 암호화폐 매매·교환 시 발생하는 이익에 대해 해당 시점의 시장가치를 기준으로 자본이득세를 부과하고 있습니다.

뿐만 아니라 IRS는 거래소를 대상으로 사용자 정보와 거래내역 보고 의무를 강화하고 있습니다. 고의로 은닉하거나 누락한 소득이 있다면 최대 75%까지 과태료가 부과되죠. 실제로 IRS는 최근 암호화폐 거래에 대한 대대적인 세무조사를 실시하기도 했습니다. 암호화폐 보유 내역과 신고 내용이 일치하지 않는 이들에게 소명을 요구하는 경고장을 발송한 겁니다. 이는 미국 세무당국의 감시가 강화되고 있음을 보여주는 사례입니다.[6]

영국에서는 디지털 유산 상속과 관련한 법제도의 변화가 진행 중입니다. 2024년에는 'Property (Digital Assets etc.) Bill'이라는 법안을 발의해 디지털 유산을 명시적인 개인 재산으로 분류하려 했습니다. 아직은 온라인 서비스 제공자의 정책에 따라 디지털 계정 등의 접근이 제한되는 경우가 많지만, 일부 기업에서는 이용자의 사망 시 처리 절차를 규정해두기도 합니다.

나아가 영국 국세청HMRC은 암호자산cryptoassets·NFT 등을 상속재산으로 봅니다. 상속 시점의 공정 가치를 기준으로 상속세를 부과하며, 이를 처분할 경우 자본이득세 적용 대상이 됩니다. HMRC 역시 최근 암호자산에 대한 보고 및 신고 의무를 강화하고 있는데요. 2026년부터 가상화폐 기업이 고객에 관한 모든 정보를 수집하고 보고해야 한다고 발표하기도 했습니다. 이 정보에는 이름과 주소, 납세자 식별 번호, 거래내역, 가상화폐 종류, 수취인 세부 정보가 포함됩니다. 정보 보고를 누락하는 업체에는 벌금을 부과할 계획이라고 밝혔습니다.[7]

프랑스: 일찍이 정리된 디지털 유산 이슈

프랑스는 2016년 제정한 '디지털공화국을 위한 법률'을 통해 유고 시에 온라인 계정을 처리할 수 있는 방안을 규정했습니다.[8] 이 법에 의하면 온라인 서비스 이용자는 사전에 디지털 유산 처리 관련 지침을 남길 수 있고, 그에 따라 상속인이 온라인 서비스 사업자에게 지침 실행을 요구할 권한을 갖습니다.

고인의 사전 지침이 없는 경우에도 법정상속인은 유산 관리 및 상속 절차 수행에 필요한 디지털 정보에 접근할 수 있어요. 모든 디지털 정보를 삭제할 권리도 갖게 되고요. 이 법에서 규정하는 권리를 제한하는 온라인 서비스 제공자의 이용 약관은 무효가 됩니다.

프랑스는 일찍이 2019년부터 비트코인·NFT 등의 가상자산을 과세 대상으로 여겼습니다. 그래서 가상자산을 매도하거나 화폐(유로)로 전환할 땐 자본이득세를 내야 합니다.[9] 프랑스 거주자가 가상자산을 매도해 연간 305유로 이상의 이익을 얻는 경우, 해당 금액에 대해 30%의 세금을 납부해야 하며 해외에 보유한 모든 암호화폐 계정을 신고할 의무가 있습니다.

중국:
팬데믹이 불러온 법 개정

중국에서는 디지털 유산의 구체적인 범위 및 가치 평가, 상속 절차에 관한 부분이 아직 명확히 규정되지 않았습니다. 다만 비트코인 등의 가상자산은 상속 가능한 자산으로 분류됩니다.

중국에서 가상자산을 상속인에게 양도할 수 있도록 법이 개정된 것은 2020년경입니다. 이는 코로나19 팬데믹과도 연관되어 있어요. 당시 많은 사망자가 발생했고, 고인이 남긴 디지털 유산(알리페이, 비트코인 등) 처리 문제로 어려움을 겪는 유족들이 늘어난 겁니다. 결국 중국은 이를 명확한 법률에 근거해 처리할 수 있도록 법을 개정했습니다.[10] 다만 이를 과세 대상 자산으로 여겨 상속세를 부과하는 규정은 없습니다.

일본:
유튜브도 상속재산이다

일본에는 디지털 유산을 포괄적으로 규정하는 법 조항이 없습니다. 디지털 유산의 범위와 가치 평가 등에 대한 법제화가 필요합니다. 다만 가상자산을 비롯한 SNS 계정, 유튜브 채널 등은 재산적 가치가 있는 상속재산에 포함된다고 봅니다. 아울러 일본 국세청은 2018년 가상화폐와 상속에 관한 지침을 발표하기도 했습니다. 상속이 개시되면 고인의 가상화폐 거래 업체 잔고증명서를 통해 금액을 확인하고, 이 잔고증명서에 따라 상속세를 국세청에 신고해야 합니다.

이처럼 대부분의 해외 주요국은 암호화폐와 NFT 등을 재산적 가치가 있는 자산으로 봅니다. 상속세를 부과하고, 상속이나 증여 외에 매매 단계에서부터 세금을 매기기도 합니다. 개인의 보유 현황 및 거래내역 등을 과세당국에 보고하도록 의무화하는 추세죠. 반면 디지털 계정의 접근에 관한 문제는 여전히 논의 단계에 머물러 있습니다. 디지털 유산에 적용하는 세금 제도의 구체적 기준과 평가 방법도 국가별로 편차가 있고요. '디지털'이 표준이 된 시대인 만큼, 향후 글로벌 흐름이 어떻게 변화할지 눈여겨볼 필요가 있겠습니다.

유튜브 채널도
상속재산에 포함될까?

만약 유튜브 크리에이터를 전업으로 하던 사람이 사망하면, 해당 채널의 수익과 상속 여부는 어떻게 처리될까요? 사실 동영상 저작권과 채널 운영에서 발생하는 광고 수익 등이 상속 대상이라는 점은 명확해 보이는데요. 앞서 살펴봤듯 우리나라의 현행 상속법상 이를 과세할 수 있는 명문화된 법은 없습니다. 유족이 유튜브 채널을 이어받아 운영할 수 있는지에 대해서도 의견이 분분합니다.

일단 유튜브 채널의 광고 수익과 영상 조회 등으로 발생하는 수익은 모두 상속의 대상입니다. 유튜브 영상 자체도 저작권법상 창작물로 인정되어 창작자가 사망한 이후에도 70년간 권리가 보호되죠. 하지만 유튜브 채널의 운영권에 대해서는 의견이 갈립니다. 유튜브 계정은 타인에게 양도하거나 상속되지 않는 **일신전속권**에 해당하니 상속의 대상이 아니라고 보는 입장이 있거든요.

한편으로는 이런 생각도 듭니다. 우리나라 상속세가 상당 부분 민법을 준용해 과세한다 해도, 상속세 및 증여세법에서 '재산적 가치가 있는 법률상, 사실상의 모든 권리'를 상속재산에 포함하고 있으니 상속의 대상이 될 수도 있지 않을까요?

사실 이를 판단하려면 유튜브 측의 정책을 들여다봐야 합니다. 유튜브는 채널에 대한 접근 권한과 채널 영상 등의 저작권을

☞ 더 정확히 알아보자! 유튜브의 권리 정책

① 채널의 소유권
- 법적으로 구글이 운영하고, 이용자(콘텐츠 제작자)는 '계정 관리자'로 간주됨
- 유튜브 채널을 직접 소유하는 것이 아니라, 구글과의 계약에 따라 운영권을 가지고 있는 형태

② 계정 관리자가 사망할 경우 채널 운영권의 처리
- 이후에도 채널은 그대로 유지되며 자동으로 상속되지 않음
- 관리자가 사망한 계정을 두고 유튜브가 자체적으로 채널 삭제 및 비활성화하지는 않음
- '비활성 계정 관리자Inactive Account Manager' 기능이 활성화되어 있다면 설정된 연락처로 통지되고, 계정 삭제 및 권한 이전 등의 사전 설정이 자동으로 실행됨

분리해 보고 있습니다. 사망 후에도 채널은 유지되지만, 자동으로 상속되지는 않아요. 대신 생전에 본인이 운영하는 채널에 '비활성 계정 관리자' 기능을 활용해 대리자를 지정해두는 식의 준비는 가능합니다.

그렇다면 채널의 '재산적 가치'는 어떻게 따질 수 있을까요? 사실 관련 법률은 제정된 바가 없고, 기준을 놓기에도 애매합니다. 상속세 및 증여세법은 상속재산을 평가할 때 '상속개시일 현재의 가액'으로 계산하니까요. 유튜브 채널을 비롯한 디지털 유산을 어떤 방법으로 평가할 것인지도 명문화되지 않았기에 법제화가 필요합니다.

그나마 법의 울타리를 두르고 있는 가상자산도 마찬가지입니다. 우리나라를 포함한 여러 국가가 상속 및 증여의 과세 대상으로 규정하고는 있지만, 실질적인 문제점이 존재합니다. 디지털 계정의 아이디와 비밀번호, 암호화폐 지갑의 암호를 분실한 경우 현재까지는 대부분의 플랫폼 사업자가 이를 상속인에게 제공하지 않기 때문입니다. 상속 자체가 불가능하니 사실상 상속재산이 그대로 소멸될 수도 있습니다.

실제로 미국의 암호화폐 투자자 매튜 멜론은 사망 당시 10억 달러 상당의 XRP를 보유했으나, 프라이빗 키private key를 공유하지 않아 유족이 자산을 회수하지 못했습니다. 이는 관련 법의 제도화와 플랫폼 사업자의 이용 약관 등을 조율해 잘 풀어가야 할

과제입니다.

상속재산을 평가하고 신고하는 과정에도 더 적정한 기준이 필요해 보입니다. 비트코인 같은 암호화폐는 시세 변동성이 크기 때문에, 평가기준일을 언제로 잡느냐에 따라 과세액이 크게 달라집니다. 통상적으로 상속세는 고인의 사망 후 신고와 결정까지 1년 이상이 소요되는데요. 이 과정에서 가상자산의 가치가 요동칠 수 있다는 점이 현실적인 변수로 작용합니다.

평가기준일 못지않게 평가 방법도 중요합니다. 국세청은 납세자가 디지털 유산을 적정하게 평가할 수 있는 도구를 제공해야 합니다. 유튜브 채널의 광고 수익이나 조회 수 수익의 지속성·집계 방식 등의 평가 방법을 체계적으로 구축해야, 유튜브 채널을 둘러싼 상속 관련 논의도 발전할 수 있을 겁니다.

디지털 유산,
증여를 계획한다면
이렇게 준비하자

지금까지 살펴본 디지털 유산의 증여상속을 관통하는 하나의 개념이 있죠. 바로 '계정 접근권'입니다. 따라서 디지털 유산을 물려줄 계획이 있는 분이라면 사전에 가상자산을 비롯한 모든 디지털 계정에 대한 정보를 정리해둬야 합니다. 이에 접근이 가능한 사람을 지정해두는 전략도 필요하고요.

가상자산의 프라이빗 키는 특별히 안전하게 관리해야 합니다. 이메일이나 일반 문서에 보관하기보다는 금융기관의 암호 관리 서비스를 이용하거나 신뢰할 수 있는 전문 기관을 통해 비대면으로 전달하세요. 디지털 유산과 접근 방법을 유언장 혹은 위임장에 포함해서 법적 효력을 가지도록 준비하고 신탁 제도를 활

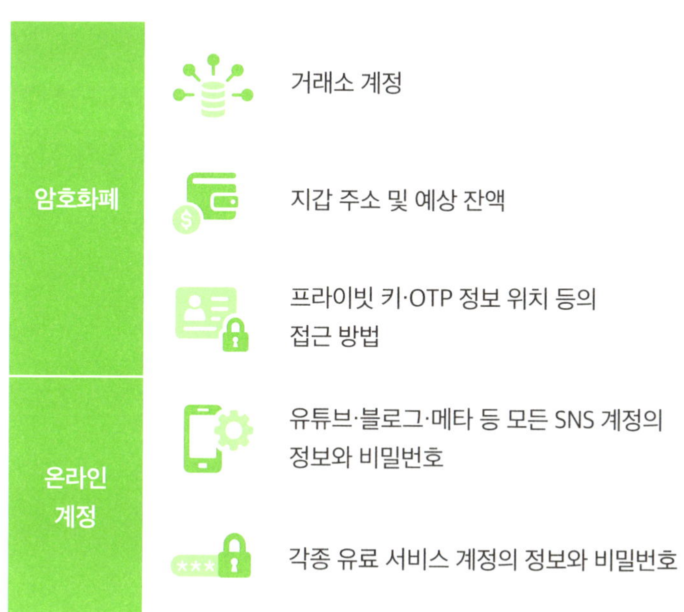

용하는 것도 좋은 방법입니다.

디지털 유산에 대한 가치 평가와 예상 세금을 파악하는 것도 중요합니다. 비록 현재까지는 디지털 유산에 대한 평가 기준이나 방법 등이 명확히 법제화되지는 않았지만, 전문가와의 상담을 통해 증여세 및 상속세, 이후 처분할 때 발생 가능한 세금을 사전에 숙지해야 합니다. 이는 디지털 유산을 다루는 현행 세법과 새롭게 만들어질 규정 등 정부의 정책에 늘 관심을 기울여야 하는 이유이기도 합니다.

　가상자산의 경우, 거래내역을 제대로 기록하고 보관하는 것이 필수입니다. 가상자산을 상속받거나 증여받은 후 처분할 때 발생하는 세금과 직결되는 부분이거든요. 자료를 잘 남겨두면, 취득가액 및 거래내역 등에 대한 정보와 증빙을 통해 세금을 적정하게 계산하는 일이 가능해집니다.

6부

이민

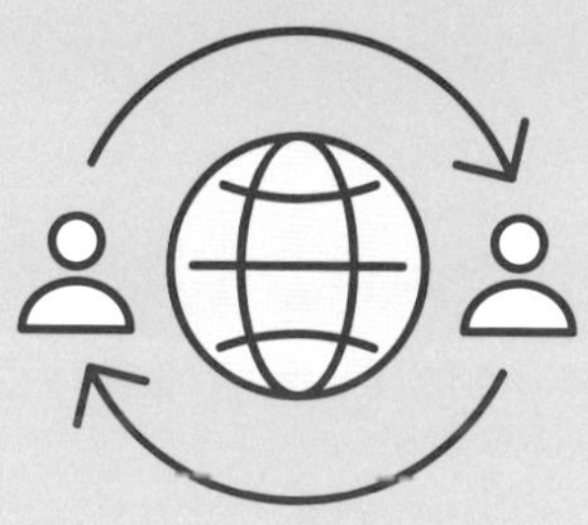

비거주자의 증여상속을
둘러싼 모든 것

# 거주자와 비거주자,
우선 단어에 익숙해져야 합니다

우리는 흔히 개인을 국적에 따라 구분할 때 '내국인'과 '외국인'이라는 단어를 씁니다. 하지만 세법에서는 국적이 별로 중요하지 않습니다. 세법은 개인을 '거주자'와 '비거주자'로 구분하고 차별적으로 세법을 적용하거든요. 특히 상속세와 증여세에서는 이 구분에 따라 과세 대상 자산, 공제금액, 연대납세의무까지 다르게 적용하므로, 이 개념들을 꼭 숙지해야 합니다.

거주자: 국내에 주소를 두거나 183일 이상의 거소를 둔 개인

비거주자: 거주자에 해당하지 않는 개인

법에서는 둘을 이렇게 구분합니다. 간단한 문장처럼 보이지만 실제로 그리 간단하지만은 않아요. 예를 들자면 이민을 갔다 해서 모두 비거주자로 인정되지는 않습니다. 국내에서의 거주 기간, 주요 자산의 소재지, 생계를 같이하는 가족, 경제활동의 근거지 등 여러 객관적인 사실관계를 종합해 판단합니다.

거주자와 비거주자를 가르는 기준

자세한 기준을 알아봅시다. **거주자**를 정의하는 문장을 요약하면 '국내에 거소를 둔 기간이 183일 이상'인 개인입니다. 여기서 '거소'란 주소지 외에도 (주소처럼 밀접한 생활의 근거가 될 정도는 아니지만) 상당 기간 거주하는 장소를 말합니다. 183일이라는 기간은 어떻게 계산될까요? 국내에 입국한 날의 이튿날부터 해외로 출국하는 당일까지를 꼽으면 됩니다. 체류 일수는 연속된 183일이 아닌, 수차례 국내에 입국해 체류한 모든 날을 합산합니다.

주소 및 거소가 명확하지 않을 땐 주요 자산이 어느 나라에 있는지가 판단 기준이 됩니다. 가령 해외에서 직업을 가져서 살고 있더라도 벌어들인 소득의 대부분을 국내로 송금하거나 국내에 부동산을 소유한다면, 자산의 대부분이 국내에 소재하는 셈이니

거주자로 판단될 수 있습니다.

부부를 중심으로 한 '1세대'가 어디에서 생활하는지도 고려합니다. 세법에서 정의하는 가족의 범위는 거주자와 그 배우자의 직계존비속(배우자 포함), 형제자매를 의미하거든요. 취학이나 질병 요양, 근무, 사업 탓에 일시적으로 주소지에서 떠나 있는 사람도 해당됩니다.

특히 30세 미만이거나 미혼인 자녀, 국민기초생활보장법에서 정한 중위소득의 40% 미만 수준의 소득만 있는 자녀는 부모와 별도의 세대로 인정되지 않습니다. 따라서 자녀의 나이와 혼인 여부, 소득수준이 핵심 요소가 되겠죠.

직업도 기준 중 하나입니다. 직업은 경제활동과 생활의 근거지를 결정하는 요소거든요. 특히 계속해서 183일 이상 국내에 거주할 것을 통상 필요로 하는 직업을 가졌다면 국내에 주소를 둔 것으로 판단합니다.

지금까지의 내용을 종합해 거주자를 정의하자면 아래와 같습니다.

① 국내에 주소를 두고 있거나

② 183일 이상 국내에 거주할 것을 통상 필요로 하는 직업을 가진 상황, 또는

③ 국내에 생계를 같이하는 가족이 있고

→ 그 직업이나 자산 상태를 고려할 때 계속해서 183일 이상 국내에 거주할 것으로 인정되는 개인

그리고 이러한 거주자가 아닌 개인을 비거주자로 구분하는 겁니다. 다시 말해 국내에 183일 이상 계속 체류하지 않고, 국내에 직업이 없거나, 자산 상태 혹은 생계를 같이하는 가족 등을 고려할 때 국내에서 살 것으로 보이지 않는 개인은 **비거주자**입니다.

국외에 거주하거나 직업을 가진 개인이 외국 국적을 가졌거나 해당 국가의 영주권을 취득한 경우에도 마찬가지예요. 국내에 생계를 같이하는 가족이 없고 직업과 자산 상태를 볼 때 국내에서 거주할 것으로 인정되지 않을 때만 비거주자로 판단합니다.

한국을 떠나 살아도
상속세를 내야 할까?

"저희 가족은 20년 전 미국으로 이민을 왔고, 미국 영주권을 취득해 살고 있습니다. 한 달 전 아버지가 돌아가셨는데, 한국에 아버지 명의의 주택이 한 채 있더라고요. 아버지도 그렇고 저희 자녀들도 한국에 입국하지 않은 지 10년이 지났습니다. 그런데도 상속세를 내야 하나요?"

종종 해외에 거주 중인 분들도 이렇게 상속세에 관한 질문을 보내오곤 합니다. 사실 이민을 떠났다 해서 무조건 상속세를 피할 수는 없습니다. 이번에는 비거주자에게 상속세가 과세되는 구조를 한번 알아보겠습니다.

상속세는 재산을 물려주는 피상속인이 거주자인지 비거주자인지에 따라 과세 방식이 달라집니다. 피상속인이 거주자라면 국내외의 모든 상속재산에 상속세가 붙지만, 피상속인이 비거주자일 경우 국내의 상속재산에 대해서만 상속세를 부과하거든요. 그래서 상속이 개시되면 국세청도 피상속인의 비거주자 여부 및 국내의 상속재산 소재 여부를 가장 먼저 확인합니다.

비거주자의 재산을 받을 때, 상속세 처리는?

비거주자가 사망한 경우 국내 재산에 대해서만 상속세를 부과하는 만큼, 피상속인이 해외에서 보유했던 재산은 과세 대상이 아닙니다. 상속을 받는 사람이 거주자인지, 비거주자인지도 상관없어요. 즉 해외에 있던 고인의 재산을 우리나라에 사는 상속인이 상속받아도 납부해야 할 상속세는 없는 겁니다.

본격적으로 상속세를 계산해봅시다. 우선 예금·부동산 등 금전으로 환산 가능한 경제적 가치가 있는 모든 물건은 비거주자의 상속재산에 포함됩니다. 따라서 상속개시일 현재 비거주자인 고인이 국내에 재산을 얼마나 보유하고 있는지 파악해야 합니다. 또 상속개시 전에 예금을 인출하거나 부동산을 처분한 금액

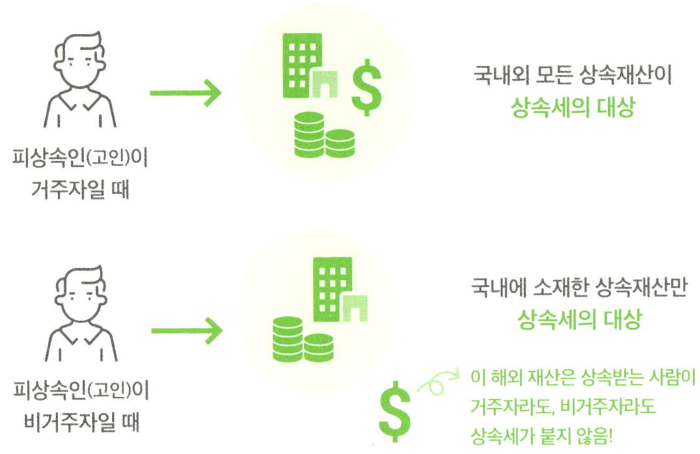

이 있음에도 그에 대한 용도를 상속인이 입증하지 못한다면, 해당 분은 추정상속재산으로 판단되어 일정 금액을 상속재산가액에 합산해야 합니다(추정상속재산은 94쪽 참고).

거주자가 사망했을 때는 장례비와 공과금, 채무를 상속재산가액에서 차감하는데요. 비거주자의 경우 장례비는 공제받을 수 없습니다. 공과금과 채무도 국내의 해당 상속재산과 관련된 부분에 대해서만 공제가 가능해요. 가령 상속재산 중 아파트가 있다면 상속개시일까지 발생한 해당 아파트의 관리비 또는 아파트에 담보된 전세권 등이 공제 범위입니다.

가장 중요한 항목은 바로 '사전증여재산'일 텐데요. 상속인에

| 상속세를 계산하는 과정과 내용 |

구분	내용
상속재산	상속개시일 현재 국내에 소재한, 모든 재산적 가치가 있는 물건(예금·부동산 등)
+ 추정상속재산	상속개시 전 인출한 예금, 처분한 부동산 등
- 공과금 및 채무	국내 상속재산과 관련된 공과금, 채무(장례비는 공제 불가)
+ 사전증여재산	① 상속개시 전 10년 이내에 상속인에게 증여한 재산 ② 상속개시 전 5년 이내에 상속인 외의 자에게 증여한 재산

게 상속개시일 전 10년 이내에 증여한 재산과 상속인 외의 자에게 상속개시일 전 5년 이내에 증여한 재산을 상속재산가액에 합산해야 합니다. 이때는 국내에서 증여세가 과세된 증여재산만을 봅니다. 증여 당시 납부했던 증여세액은 상속세액에서 공제해주고요.

비거주자가 피상속인일 때 가장 차이가 큰 항목은 바로 상속 공제입니다. 비거주자는 거의 모든 공제에서 배제되거든요. 기초공제 2억 원과 감정평가수수료공제 외에는 모든 상속공제가 적용되지 않습니다.

다만 상속세 산출세액을 계산하는 방식은 거주자와 동일합니

상속공제 항목	피상속인이 거주자일 때	피상속인이 비거주자일 때
기초공제(2억 원)		적용 가능
일괄공제(5억 원)		
배우자상속공제		
기타 인적공제		
가업·영농상속공제	전부 적용 가능	적용 불가
금융재산상속공제		
동거주택상속공제		
재해손실상속공제		
감정평가수수료공제		적용 가능

다. 10~50%의 누진세율을 적용하며 세대생략 상속에 붙는 할증과세도 동일합니다. 증여세액공제, 단기재상속세액공제, 신고세액공제도 동일하게 적용받을 수 있죠.

신고 절차도 체크해볼까요? 상속이 발생하면 우선 사망신고를 한 후, 상속재산을 파악해 소유권이전등기 등 행정절차를 진행해야 합니다. 또 상속개시일이 속하는 달의 말일부터 9개월 이내에 상속세를 신고·납부해야 해요. 상속세 신고 기한 경과 후

구분	피상속인이 거주자일 때	피상속인이 비거주자일 때
상속세 신고	상속개시일이 속하는 달의 말일부터 6개월 이내	상속개시일이 속하는 달의 말일부터 9개월 이내
상속세 결정	신고 기한 경과 후 9개월 이내	
납세지	피상속인의 주소지 또는 거소지	국내 재산의 소재지
연대납세 의무	있음	
납부 방법	일시납, 분납, 연부연납, 물납	

9개월 이내에 관할 세무서장이 상속세를 적정하게 신고했는지 조사해서 결정 또는 경정하게 되고요.

신고와 납부는 국내 주요 상속재산이 있는 소재지의 관할 세무서에서 진행하면 됩니다. 상속인은 각자 상속받은 재산을 한도로 상속세를 연대해 납부할 책임이 있으며, 납부 방법으로 분납·연부연납·물납을 허가받을 수 있습니다. 이는 피상속인이 거주자일 때와 동일합니다.

판례로 이해하는
비거주자의 상속 문제

최근의 판례도 하나 소개해볼게요.[11] 판례상의 사실관계는 이렇습니다. 피상속인은 1970년대부터 미국에서 거주하며 생활하던 중 2011년 미국 국적을 취득했고, 2016년 7월 14일 미국에서 사망했습니다. 상속인은 그의 배우자와 자녀 한 명이고 모두 미국 시민권자였죠. 피상속인은 사망 당시 국내에 예금 74만 4,974원과 미국에 주택 한 채를 소유하고 있었는데요. 자녀 한 명이 이 예금과 주택을 단독으로 상속받았습니다. 법정상속기한 내에 상속세 신고를 하진 않았고요.

이 상속 건을 조사하던 국세청은 피상속인이 사망하기 전 2016년경 상속인이 아닌 자들에게 증여한 광명시 소재의 토지를 발견했습니다. 그리고 이 토지를 사전증여재산으로 합산해 총 상속세액을 약 2억 4,000만 원으로 결정한 후, 상속인들에게 연대해 납부하도록 고지했습니다.

고지를 받은 상속인은 부당함을 토로하며 조세불복소송을 제기했습니다. 피상속인이 비거주자인 경우 '국내에 있는 상속재산'에만 상속세가 붙는데, 피상속인의 사망 당시 국내에 있던 상속재산은 예금 약 74만 원이 전부였으므로 상속인은 이 예금액을 한도로만 상속세 납부 의무를 부담해야 한다는 주장이었습니다.

결국 대법원은 상속인들의 손을 들어줬습니다. 상속인은 '상속받은 재산'을 한도로 상속세를 낼 의무가 있는데, 이 사례의 상속인이 물려받은 국내 재산은 예금 74만 원 정도가 끝이었으니까요. 미국 소재 주택은 몇억 원짜리였지만 비거주자 상속 시 과세 대상에서 제외되는 부분이므로 포함시키지 않았습니다.

대법원의 이러한 판결을 통해, 피상속인의 비거주자 여부와 납세의무 범위에 대한 판단이 상속세 부담에 큰 영향을 미친다는 점을 알 수 있습니다.

# 상속세 두 번 내지 않으려면, 이것부터 살펴보자

“저는 미국에서 시민권을 취득해 거주하고 있습니다. 그런데 얼마 전 한국에 계신 아버지가 돌아가셨어요. 아버지 명의의 미국 계좌에 있는 예금을 제가 상속받으려 하는데요. 설마 한국에도 세금을 내야 하나요?”

최근 한 지인이 상담을 요청했습니다. 20년 전 미국으로 유학을 떠났다가 그곳에서 취업과 결혼을 해 쭉 거주하는 분이었죠. 사연을 요약하자면 국내 거주자인 아버지가 돌아가셔서 상속재산을 정리해야 하는데, 아버지 명의로 된 미국 계좌를 찾아보니 예금이 꽤 된다는 것이었습니다.

물론 이 예금을 상속받으면 미국에 세금을 납부해야 합니다. 우리나라 상속세와 동일하게, 돌아가신 아버지가 미국에서는 '비거주자'로 구분되기에 미국에 소재하는 재산에 대한 납세의무가 발생합니다. 여기서 끝이 아닙니다. 한국에도 상속세를 납부해야 하니까요. 앞서 살펴봤듯 국내 '거주자'의 사망으로 상속이 개시되면 피상속인의 국내외 모든 상속재산에는 상속세가 붙습니다. 이때는 상속을 받는 상속인이 미국 등 국외 영주권자나 시민권자라 해도 동일합니다.

결국 동일한 상속재산에 대해 한국과 미국에서 이중으로 상속세가 부과되는 구조인데요. 이런 경우 우리 세법에서는 '외국의 법령에 따라 상속재산과 관련해 납부한 세액'이 있다면, 일정한 한도 내에서 공제하도록 규정합니다. 이를 **외국납부세액공제**라고 부릅니다. 국가 간 이중과세를 조정하기 위해 만들어진 규정입니다.

외부납부세액공제 한도

$$\text{상속세 산출세액} \times \frac{\text{외국에서 상속세가 부과된 과세표준}}{\text{총 상속세 과세표준}}$$

계산은 간단합니다. 총 상속세 과세표준에서 국외 상속재산의 과세표준이 차지하는 비율을 상속세 산출세액에 곱하면 됩니다. 해당 금액이 외국납부세액공제의 한도인 겁니다.

지인의 사례를 통해 이해해봅시다. 돌아가신 아버지의 총상속재산은 80억 원이고, 과세표준은 60억 원이었습니다. 이 중 2억 원이 미국 계좌의 예금이었습니다. 미국에서 납부한 상속세는 2,500만 원이라고 가정하겠습니다. 상속세 산출세액이 30억 원일 때, 외국납부세액공제 한도는 다음과 같이 계산됩니다.

$$30\text{억 원} \times \frac{2\text{억 원}}{60\text{억 원}} = 1\text{억 원}$$

외국에서 납부한 상속세액 2,500만 원이 외국납부세액공제 한도액인 1억 원보다 적음을 알 수 있습니다. 이때는 2,500만 원 전액을 국내 상속세 산출세액에서 공제받는 게 가능합니다.

이처럼 피상속인이 거주자인 경우 국외 소재의 상속재산에 대해 해당 국가와 우리나라 양쪽에서 상속세가 과세되더라도, 제도를 통해서 이중과세를 조정할 수 있습니다. 이 제도를 잘 활용하는 것이 절세의 지름길이겠죠?

상속세를 피해서
한국으로 돌아온다?
진실 혹은 거짓

"저희 부모님은 미국에서 영주권을 취득해 20년째 거주하고 계신데요. 최근 아버지의 병환이 깊어져서 한국으로 돌아오고 싶어 하십니다. 이럴 때는 상속세 대비를 위해서라도 빠르게 귀국하시는 편이 낫나요?"

해외에서 여생을 보내는 고령의 부모를 둔 자녀분들에게 종종 듣는 질문입니다. 국외에 거주하고 있더라도 국내에 재산을 보유한 경우, 그 소유자가 거주자인지 비거주자인지에 따라 상속세가 다르게 과세된다는 점은 대부분 알고 계십니다. 다만 상속세가 구체적으로 얼마나 차이 나는지, 또 가장 유리한 솔루션은 어떤 것인지를 많이들 궁금해하시죠.

　해외에서 거주하다 사망한 사람이 해외에는 재산이 거의 없고 대부분의 재산이 국내에 있는 경우에는, 국내 거주자 상태에서 상속세를 납부하는 것이 유리할 수 있습니다. 거주자는 일괄공제 5억 원과 배우자상속공제 최대 30억 원 등 다양한 상속공제를 적용받거든요. 반면 비거주자는 기초공제 2억 원과 상속재산 평가에 소요된 비용인 감정평가수수료 최대 500만 원을 공제받는 것이 전부입니다. 즉 국내에 상속재산이 많고 배우자가 살아 있다면 거주자로서 상속세를 내는 편이 이득입니다.

　하지만 해외에 재산이 많은 경우라면 비거주자 상태를 유지하는 편이 유리할 수 있습니다. 우리나라 상속세는 세계적으로도 높은 세율을 자랑하고 상속공제액도 낮은 편입니다. 미국의 경우만 살펴봐도 한화 약 180억 원까지는 상속세가 붙지 않죠. 즉 해당 국가에서 면제 한도까지 공제를 받으며 세금을 내는 편이 유리할 가능성이 높습니다.

　예시를 통해 구체적으로 비교해볼까요? 캐나다에서 거주하던 홍길동 씨가 사망해 상속이 발생했고, 상속인은 배우자와 자녀 한 명으로 이들은 모두 캐나다 시민권자입니다. 길동 씨가 보유한 국내 재산은 10억 원짜리 아파트 한 채가 전부입니다. 캐나다에는 예금과 부동산가액을 합쳐 총 100만 달러를 보유하고 있고요. 국내 소재 아파트는 배우자가, 캐나다에 있는 예금과 부동산은 자녀가 상속받았습니다.

길동 씨가 캐나다에서 사망한 국내 '비거주자'였다면, 캐나다에서 납부할 상속세는 없습니다. 캐나다에는 상속세 제도가 없거든요. 다만 상속받은 재산을 처분할 때는 자본이득세(양도소득세)가 발생할 수 있어 추가 검토가 필요합니다. 한국에서도 국내에 소재한 상속재산에 대해서만 상속세가 부가됩니다. 기초공제만을 적용받을 수 있죠. 10억 원짜리 아파트에 기초공제 2억 원을 적용해 계산하면, 납부해야 할 상속세는 1억 8,000만 원입니다.

만약 홍길동 씨가 일찍 귀국해, 국내 '거주자' 상태로 사망했다

| 상황에 따른 홍길동 씨의 상속세 계산하기 |

국내 비거주자 상태에서 상속 발생 (캐나다에서 사망)		국내 거주자 상태에서 상속 발생 (한국에서 사망)	
상속재산가액	10억 원	상속재산가액	20억 원
- 기초공제	2억 원	- 일괄공제	5억 원
		- 배우자상속공제	10억 원
과세표준	8억 원	과세표준	5억 원
× 세율	30%	× 세율	20%
산출세액	1억 8,000만 원	산출세액	9,000만 원

면 어떨까요? 이때는 국내외의 모든 상속재산에 세금이 붙습니다. 10억 원짜리 아파트와 캐나다 소재 예금, 부동산 등 100만 달러를 전부 합산해 상속세를 계산해야 합니다. 공제를 적용해 계산하면 산출세액은 9,000만 원이 되죠.

홍길동 씨의 사례는 국내와 해외에 각각 10억 원씩 상속재산이 존재하며 배우자가 있는 경우입니다. 즉 국내 거주자로 일괄공제와 배우자상속공제를 적용받는 것이 유리한 케이스예요. 캐나다에는 상속세가 없어 비교가 단순한 편입니다. 국가별로 상속세 규정이 다르기 때문에 상황별로 검토가 필요하겠지만, OECD 국가 중에서 우리나라가 일본 다음으로 높은 상속세율을 적용한다는 점은 늘 생각해야 합니다.

비거주자의 증여세,
절세 포인트는 '연대납세의무'

증여의 경우도 알아봅시다. 증여세도 상속세와 마찬가지예요. 증여자와 수증자가 거주자인지 비거주자인지에 따라 과세되는 증여재산의 범위와 증여공제액이 달라집니다. 수증자가 비거주자인 경우 증여재산공제가 전혀 적용되지 않기 때문에, 증여세 계산은 비교적 간단합니다.

증여세,
'받는 사람'을 기준으로 생각할 것

우리나라 증여세는 상속세와 다르게 수증자를 기준으로 증여세를 부과합니다. 받는 사람의 입장을 보는 겁니다. 수증자가 국내 거주자라면 증여자가 거주자인지 비거주자인지와는 상관없이 국내외 모든 재산에 증여세가 붙습니다. 수증자가 비거주자라면 국내 재산을 증여받은 경우에만 (국내에서) 증여세가 과세됩니다.

가령 해외로 이민을 떠난 부모가 국내에 거주하는 자녀에게 증여한다면, 해당 증여재산이 국내 재산인지 해외 재산인지는 따지지 않고 증여세가 부과되죠. 반대로 해외에 거주하는 자녀에게 국내 거주자인 부모가 증여한다면, 국내 재산을 증여하는 경우에만 증여세가 붙어요. 단 이 경우 자녀가 거주하는 나라에서도 증여세가 부과될 수 있으므로 해당 국가의 증여세 규정도 꼭 확인합시다.

사전증여재산도 체크해야 합니다. 수증자가 거주자인 경우, 증여 시점으로부터 10년 이내에 동일인에게 증여받은 재산이 1,000만 원 이상이라면 해당 증여재산을 합산해 증여세를 과세합니다. 수증자가 비거주자라면 국내 소재의 증여재산만 합산 과세 대상이 되고요. 이때 증여 당시 납부했던 증여세액은 공제해줍니다.

주는 사람 (증여자)	받는 사람 (수증자)	증여세 과세	증여공제
거주자	거주자	국내외 증여재산 전체에 증여세 과세	• 증여재산공제 • 혼인·출산 증여재산공제 • 재해손실증여공제 • 감정평가수수료공제
비거주자	거주자		
거주자	비거주자	국내 재산에 대해서만 증여세 과세	• 재해손실증여공제 • 감정평가수수료공제
비거주자	비거주자		

수증자가 비거주자라 해도 증여세 산출세액을 계산하는 방식은 거주자와 동일합니다. 10~50%의 누진세율을 적용하며, 세대생략 증여에 대한 할증과세도 똑같이 적용합니다. 증여세액공제와 신고세액공제도 받을 수 있죠.

연대납세의무에서
힌트를 찾자

원칙적으로 증여세는 수증자가 납부해야 합니다. 만약 부모가 자녀의 증여세를 대신 내준다면, 이 증여세까지도 '증여한 돈'으로 보고 증여세를 추가로 부과합니다. 그래서 자녀가 증여세를 납부할 여력이 없을 땐 보통 증여세까지 계산하고 더해서 증여하는 경우가 일반적입니다.

하지만 수증자가 비거주자인 상황에서는 좀 다릅니다. 증여자에게 수증자와 연대해 증여세를 납부해야 하는 의무가 발생하거든요. 비거주자 증여세의 절세 포인트도 여기서 찾을 수 있습니다. 즉 부모가 자녀의 증여세를 대신 납부해도 이를 증여로 보지 않는 겁니다. 결국 비거주자인 자녀에게 증여할 땐 추가로 증여세를 부담하지 않고도 증여세액만큼 더 증여할 수 있습니다.

자녀인 수증자가 거주자인 경우 공제받을 수 있는 5,000만 원을 비거주자는 공제받을 수 없으니, 이 부분이 불공평하다고 느끼는 분도 많은데요. 증여재산 금액이 큰 경우에는 오히려 연대납세의무의 절세 포인트를 활용해 부모가 증여세를 대신 납부해주는 편이 더 효과적입니다. 증여재산공제액 5,000만 원은 10년간 단 한 차례 공제받을 수 있지만 연대납세의무를 통해 대신 납부하는 일은 기간 제한이 없습니다.

예를 들어봅시다. 부모가 자녀에게 국내 예금 5억 원을 증여하려 하는 상황입니다. 자녀가 거주자라면 증여재산공제액 5,000만 원을 공제받아 증여세 8,000만 원을 납부하게 됩니다. 그럼 실질적으로는 총 4억 2,000만 원을 확보할 수 있어요.

| 수증자가 거주자일 때와 비거주자일 때, 순증여금액은? |

	수증자가 거주자인 경우	수증자가 비거주자인 경우
증여재산가액	5억 원	5억 원
- 증여공제	5,000만 원	-
과세표준	4억 5,000만 원	5억 원
× 세율	20%	20%
산출세액	8,000만 원	9,000만 원 (대신 납부 가능)
순증여금액	4억 2,000만 원	5억 원

반대로 자녀가 비거주자라면 증여공제는 받을 수 없습니다. 그래서 총 9,000만 원의 증여세를 납부해야 하죠. 하지만 승여자의 연대납세의무를 활용해 부모가 9,000만 원을 대신 납부해주면, 자녀에게는 5억 원이 고스란히 돌아갑니다.

참고로 수증자가 거주자일 때 순증여금액 5억 원을 넘겨주려면 실상 6억 원이 넘는 현금을 증여해야 하고, 납부하는 증여세도 증가합니다.

수증자가 비거주자인 경우, 신고와 납부는 증여자가 대신 3개월 이내에 완료해야 합니다. 증여세 신고 기한 경과 후 6개월 이

증여재산가액	6억 714만 원
- 증여공제	5,000만 원
과세표준	5억 5,714만 원
× 세율	30%
산출세액	1억 714만 원
순증여금액	5억 원

내에 관할 세무서장이 증여세를 적정하게 신고했는지 조사해서 결정 또는 경정합니다. 이때 증여세는 증여자의 주소지 관할 세무서에 신고·납부하는 것이 원칙인데요. 증여자가 비거주자라면 국내 증여재산 소재지의 관할 세무서에 신고·납부하면 됩니다. 분납과 연부연납 등의 납부 방법은 거주자와 동일하게 적용받을 수 있습니다.

비거주자가
해외 재산을 증여받으면,
세금은 정말 0원일까?

앞서 비거주자가 국외 재산을 증여받는 경우 국내에서는 증여세가 과세되지 않는다고 언급했죠. 하지만 이건 반쪽짜리 정답이기도 합니다. 증여자와 수증자가 서로 '특수관계인'에 해당한다면, 국내에서도 증여세를 내야 합니다.

특수관계인을 잘못 활용하면
역외탈세로 간주된다

몇 가지 사례를 보겠습니다. 중견기업의 대표 G씨는 자녀가 유학 중인 지역에 해외 현지법인을 설립하고, 시장조사 용역을 제공받는 것처럼 보이도록 허위 계약을 체결했습니다. 그리고 그 용역비 명목으로 자녀의 유학비용을 빼돌렸죠.

H씨의 케이스도 비슷합니다. H씨는 유학 기간을 제외한 대부분의 날에 한국에 거주했지만, 외국 시민권자라는 점을 이용해 비거주자로 위장하고 증여세를 신고하지 않았습니다. H씨의 부모님이 증여 지분을 현지 과세당국에 신고하긴 했으나 공제 한도 미달로 세금은 발생하지 않았습니다. 결국 국세청은 조사에 착수했고, H씨에게 부동산 취득자금에 관한 증여세 수십억 원을 추징했습니다.[12]

한국은행의 증여성 해외송금 현황 자료에 따르면, 2022년부터 2025년 8월 말까지의 해외 이전거래를 통한 당발 송금 규모는 총 122억 700만 달러(한화 약 16조 3,428억 원)였습니다.[13] **증여성 해외송금**이란 국내 거주자가 국외 거주자에게 개인적으로 송금하는 거래를 말합니다. 연간 10만 달러까지의 송금은 별도로 증빙할 필요가 없어요. 대신 한 번에 1만 달러 혹은 연간 합계 1만 달러를 초과하면 국세청에 보고됩니다.

이러한 시스템을 활용한 역외탈루도 빈번합니다. 국내 거주자가 해외 이주를 이유로 들어 국내의 자산을 빼돌리거나, 자녀를 위한 생활비로 위장하고 재산을 은닉하는 식이죠. 여러분도 신문 보도를 통해 국세청이 역외탈세자에 대한 세무조사를 실시해

수십억 원의 세금을 추징했다는 소식을 종종 접하셨을 겁니다. 세금이 없거나 세율이 낮은 나라를 이용한 조세 회피 사례가 증가하면서, 국세청도 역외탈세에 대한 규정을 강화해왔습니다.

우리나라는 '다자간 금융정보자동교환 협정MACC'에 가입한 국가로, 2017년부터 세계 각국과 금융 정보를 교환하고 있습니다. 각국의 금융 계좌 보유자의 신원을 확인할 수 있는 기본 정보(이름·주소·생년월일·납세자 번호)와 금융 계좌 정보(금융기관명·계좌번호·연도말 계좌 잔액·해당 계좌와 관련해 발생한 이자 및 배당 소득총액·해당 계좌와 관련된 자산의 매각 또는 상환액·계좌의 해지 사실 등)를 제공받을 수 있어요. 한국 국적이 아니더라도 한국 거주자로 판단되면 국세청에 통보될 수 있습니다. 금융 정보 보고 대상자는 국적이 아니라 조세목적상 거주자인지의 여부로 결정되기 때문입니다.

증여상속 외의 법률에도 대비해야 한다

세법도 역시 역외탈세에 대한 규정을 강화해왔습니다. 2015년 1월 1일 이후 증여분부터는 비거주자가 국외 재산을 증여받은 후 거주하는 나라에서 증여세를 납부했다 해도, 증여자가 꼭 우리나라에 증여세를 신고하고 납부해야 합니다. 이 조항은 **국제 조세조정에 관한 법률**에 규정되어 있습니다. 상속세 및 증여세법 외에도 고려해야 할 법률이 따로 있는 셈입니다.

이 법은 국가 간의 이중과세 및 조세 회피를 방지하고 원활한 조세 협력을 도모하기 위해 제정되었습니다. 즉 국제 거래에서 발생할 수 있는 이중과세를 조정하면서, 동시에 자국의 과세권을 확보하기 위함입니다. 현행 상속세 및 증여세법으로는 국외 재산을 비거주자에게 증여할 땐 과세를 할 수 없고, 그럼 불법적인 구멍이 생길 가능성도 커지니까요.

과거에는 비거주자에게 증여한 국외 재산에 대해 외국에서 증여세가 부과되는 경우 증여세 납세의무를 면제했던 적도 있습니다. 다만 이후 세율이 낮은 국가를 이용한 편법 증여를 방지하기 위해 국내에서 증여자에게 증여세를 과세하되, 외국에서 이미 납부한 증여세는 공제하는 방식으로 개정되었습니다.

이러한 증여세 납부 의무는 두 가지 요건을 모두 충족한 경우에만 면제됩니다. 우선 수증자가 증여자의 특수관계인이 아니어야 하고, 해당 증여재산에 대해 외국의 법령에 따라 증여세 등이 부과되어야 합니다(세액을 면제받은 경우도 포함).

여기서 한 가지 궁금증이 생기실 겁니다. 지금까지 계속 수증자가 거주자인지 비거주자인지에 따라 증여세 과세 대상 범위가 달라진다고 했는데요. 수증자가 비거주자이면서 국외 재산을 증

첫째, 수증자가 증여자의 특수관계인이 아닐 것

특수관계인이란 국세기본법에 따라 다음 항목 중 하나에 해당하는 경우를 말함

① 혈족·인척 등 대통령령으로 정하는 친족관계
② 임원·사용인 등 대통령령으로 정하는 경제적 연관관계
③ 주주·출자자 등 대통령령으로 정하는 경영지배관계

둘째, 해당 증여재산에 대해 외국의 법령에 따라 증여세 등이 부과되어야 함

이때는 세액을 면제받은 경우도 포함됨

여받는 경우, 우리나라에서 증여세 납부 의무가 발생한다면 법률상 모순이 아닐까요? 즉, 상속세 및 증여세법과 국제조세조정에 관한 법률이 상충되는 건 아닐까요?

답은 국제조세조정에 관한 법률 속에 있습니다. 이 법률은 '국세와 지방세에서 정하는 다른 법률보다 우선해서 적용한다'고 규정되어 있거든요.

한편, 증여를 받는 수증자가 비거주자라면 증여세를 계산할 때 증여재산공제를 적용 받을 수 없었는데요. 이 경우에 해당한다면 비거주자임에도 불구하고 증여재산공제를 적용해 계산하는 일이 가능합니다. 다만 동일인으로부터 10년 이내에 증여받은 재산이 1,000만 원 이상인 경우 합산해서 계산해야 해요. 국

제조세조정에 관한 법률 제35조에서 증여세 과세표준과 세액을 계산하는 데 상속세 및 증여세법을 준용한다고 규정했기 때문입니다. 다만 2024년에 새롭게 신설된 혼인·출산 증여재산공제는 준용하는 조항에 포함되지 않아 적용받을 수 없습니다.

자녀가 해외에 있더라도, 국내 재산이 아니더라도, 세금은 피할 수가 없나 봅니다. 상속세와 증여세에 이어 이름부터 생소한 국제조세조정에 관한 법률이라니……. 결국 우리가 할 일은 지식의 폭을 넓혀두는 겁니다. 아는 만큼 보이는 법이니까요. 준비된 사람만이 세금에 대비할 수 있습니다.

# 주식 들고 이민 갈 땐
세금을 2배로 낼 수도 있다고?

"아니, 아직 팔지도 않은 주식에 세금을 내라고요?"

국내에서 법인을 운영하던 대표님이 해외로 이민을 계획 중이라고 하시길래, '대주주가 보유한 주식은 양도소득세를 미리 납부해야 한다'고 말씀드렸습니다. 그랬더니 굉장히 황당한 기색이시더라고요. 그럴 만도 합니다. 팔지도 않은 주식에 붙는 세금이라니, 어리둥절한 분들이 많을 겁니다. 이것이 바로 **국외전출세**입니다. 우리가 해외로 이민을 떠나 국내 비거주자로 변하는 경우, 보유 중인 국내 주식에도 세금이 알알이 붙습니다. 아직 팔지 않았음에도 '출국 당일에 판 것처럼 간주'해서 세금을 정산하는 제도입니다.

여기에는 배경이 있습니다. 예전에는 주식을 보유한 사람이 이민을 떠나면, 해외에서 주식을 판다 해도 국세청이 세금을 부과하기가 어려웠습니다. 즉 세금을 한 푼도 내지 않고 주식을 거래하는 일이 가능했던 겁니다. 이러한 역외 조세 회피를 방지하고 국내 재산에 대한 과세권을 확보하기 위해 관련 법령이 신설되었고, 2018년에 출국하는 경우부터 적용되었습니다.

국세청의 국외전출세 신고 현황에 따르면, 이 제도가 처음 시행된 2018년 이후 국외전출세를 납부하는 인원은 매년 증가하고 있습니다. 특히 2023년 국외전출세를 납부한 인원은 총 26명으로 2018년(13명)과 비교하면 2배 증가했습니다. 세액 규모는 92억 8,500만 원에 이른다고 합니다. 2025년의 국세청 자료에 의하면, 2024년에 국외전출세를 납부한 대주주는 29명으로 또다시 증가세를 보였습니다.

일각에서는 이런 상황을 두고 '국부 유출을 막기 위해서라도 세계적으로 최고 수준인 상속세를 개편해야 한다'고 주장합니다. 국외전출세는 국내 주식을 보유한 대주주가 납부하는 세금이기에, 이 세금을 신고한 사람의 수는 단순한 이민자 통계가 아닙니다. 상속·증여세 부담을 피하려는 자산가들이 얼마나 해외로 빠져나가고 있는지를 보여주는 중요한 지표이기도 해요.

국외전출세의
모든 것

국외전출세는 출국일 직전을 기준으로 10년 중 5년 이상 국내에 거주한 대주주가 해외 이주를 위해 출국함으로써 비거주자가 되는 경우에 적용됩니다. 대주주 여부는 출국일 직전연도 말 기준으로 판단하는데요. 비상장기업은 보유 주식의 시가총액이 10억 원 이상이거나 지분율이 4% 이상일 때, 코스피 상장기업은 시가총액 50억 원 이상 또는 지분율 1% 이상일 때 대주주로 분류됩니다.

주식가액은 출국일 당시의 시가를 기준으로 평가합니다. 시가 산정이 어려울 때는 보조적 기준을 사용하고요. 상장주식은 출국일 전 1개월간의 종가 평균액을 보고, 비상장주식은 순손익가치와 순자산가치를 가중평균해 산출한 기준시가를 씁니다. 실제로 주식을 팔지도 않았는데 양도소득세를 내야 하는 상황이 억울하긴 하지만, 출국 이후 5년 내에 이 주식을 실제로 양도한 경우에는 세액을 다시 정산받을 수 있도록 제도적 장치를 두고 있습니다.

해당 주식을 국외전출세로 신고했던 가액보다 낮은 가액으로 양도할 경우, 그 차액에 대해서는 실제 양도한 날부터 2년 이내에 경정청구를 통해 환급받을 수 있습니다. 즉 출국 당시 계산한 양도소득세와 실제 양도 시 계산한 양도소득세의 차이만큼 환급이 가능해요. 주식을 양도하며 외국에서 낸 세금이 있다면 이 세금도 공제받을 수 있습니다.

만약 해외로 이민을 떠난 사람이 다시 국내로 돌아온다면 어떻게 될까요? 국외전출자가 출국일부터 5년 내에 다시 입국해 거주자가 되는 경우, 이 사유가 발생한 날로부터 1년 내에 환급 신청을 통해 이미 납부한 국외전출세를 환급받을 수 있어요. 또 국외전출자가 출국일로부터 5년 내에 국외전출세를 납부했던 해당 주식을 거주자에게 증여하는 경우 혹은 국외전출자의 상속인이 해당 주식을 상속받을 때도 환급 신청이 가능합니다.

이민을 고려하는 대주주라면, '세금 중복'을 주의할 것

반드시 고려해야 할 점도 있습니다. 출국일로부터 5년 이상 국내 주식을 계속 보유하다 상속이나 증여를 하게 되면, 상속세와 증여세를 또 납부해야 한다는 겁니다. 따라서 국내 주식을 보유한 대주주가 해외 이민을 계획할 때는 반드시 '이 주식을 향후에 어떻게 처리할 것인가'를 생각해야 합니다.

예컨대 주식을 증여받는 자녀가 국내에 거주하고 있다면, 부모가 국외전출세를 내고 해외로 이주한 경우에도 증여세가 발생합니다. 한편 부모가 비거주자라도 국내 재산을 상속한 경우엔 상속인의 거주자 여부와 상관없이 국내 재산에 대해서는 상속세를 납부해야 하고요. 즉 이민을 떠나기 전 자녀에게 미리 증여하는 방안을 고려해야겠죠. 해외 이주 후 5년이 지나 증여·상속이 이뤄지면 국외전출세 환급이 불가능하기 때문에, 자칫 국내 주식에 대한 국외전출세부터 증여·상속세까지 몽땅 떠안는 상황이 발생할 수 있습니다.

국외전출세는 국내 주식을 보유한 '대주주'에게 과세되는 세금이기에 이른바 주식 부자들의 일이라고만 생각하는 분들이 있으실 텐데요. 정부가 발표한 2025년 세제개편안에 따르면 2027년 이후 출국하는 경우 국외전출세 과세 대상을 해외 주식으로 확대하고, 이 해외 주식에 대해서는 대주주 요건을 적용하지 않기로 했습니다. 즉 해외 주식을 가신 거주사가 해외로 이주해 비거주자로 변하는 경우엔 대주주 여부와 상관없이 모두 국외전출세를 납부해야 합니다.

7부

자주 묻는 질문

촘촘히 들여다보는
증여상속의 세계

증여·상속세 외에,
취득세도 미리 생각해야 할까요?

"슬슬 증여 플랜을 세우려 하는데요. 증여세나 상속세 외에도 특별히 신경 써야 할 세금이 있을까요? 취득세가 의외로 부담이라는 말이 많아 걱정입니다."

증여받을 때는 증여세, 상속받을 때는 상속세만 내는 게 아닙니다. 부동산을 증여·상속받으면 소유권 이전에 따른 **취득세**를 납부해야 합니다. 상속세나 증여세는 세부담이 크다는 인식이 이미 널리 퍼져 있지만, 부동산 증여의 경우 취득세가 예상보다 높게 적용되어 증여 계획에 오히려 걸림돌이 되기도 합니다. 종종 취득세 탓에 현금 마련에 부담을 느껴 증여 실행을 중단하는 경우도 있습니다.

취득세는 세법이 정한 과세 대상 자산을 매매·교환·상속·증여 등을 통해 유상 또는 무상으로 취득하는 경우에 부과되는 세금입니다. 주택·상가·토지 등의 부동산과 차량, 선박, 항공기, 기계 장비, 각종 회원권 등이 과세 대상 자산에 해당합니다.

취득 원인에 따라 자산 종류별로 취득세율이 달라지고, 특히 주택의 경우 보유 중인 주택 수에 따라 중과세율이 적용되므로 주택을 증여할 계획이라면 취득세 검토는 필수입니다. 더구나 2025년 10월 국토교통부가 발표한 '주택시장 안정화 대책'에서는 조정대상지역이 서울 전 지역과 경기도 12개 지역으로 확대되었습니다.

주택의 유상취득에 대해서는 조정대상지역 여부와 주택 수에 따라서 취득세율이 달라지고, 조정대상지역 내에서 2주택자 이

| 조정대상지역 현황 |

종전(~2025.10.15)	확대 지정 이후(2025.10.16~)
• 서울 4개 구 (강남구, 서초구, 송파구, 용산구)	• 서울 전 지역 • 경기도 12개 지역 (과천시, 광명시, 의왕시, 하남시, 수원시 영통구·장안구·팔달구, 성남시 분당구·수정구·중원구, 안양시 동안구, 용인시 수지구)

상이라면 8%에서 12%까지 중과세율이 적용됩니다.

무상취득에 대해서는 기본적으로 3.5%의 세율을 적용하지만 '조정대상지역 내의 시가표준액 3억 원 이상의 주택'을 증여받으면 12%의 중과세율이 적용됩니다. 즉, 2025년 10월 16일 이후 서울 전 지역에서 증여로 취득한 시가표준액 3억 원 이상의 주택에 대해서는 12%의 취득세를 납부해야 합니다.

상속으로 주택을 취득하는 경우는 조금 다릅니다. 지방세법에서 정한 특례로 기본 2.8%의 세율이 적용되고, 무주택자가 주택을 상속받는 경우 0.8%의 낮은 세율을 적용받을 수 있거든요. 이때 무주택 여부는 고인의 사망일을 기준으로 판단합니다. 또 주택을 상속받는 상속인뿐 아니라 세대별 주민등록표에 함께 등재된 가족 모두가 무주택이어야 합니다.

주택 외 부동산에 대해서는 유상취득은 4%의 세율, 무상취득은 3.5%의 세율을 적용합니다. 상속취득의 경우 세율은 2.8%(농지는 2.3%)입니다.

| 주택의 취득세율 |

취득 원인	구분	조정대상지역	비조정대상지역
유상취득	1주택	• 6억 원 이하: 1% • 6억 원 초과~9억 원 이하: 1~3% • 9억 원 초과: 3%	
	2주택	8% (일시적 2주택 제외)	1~3%
	3주택	12%	8%
	4주택 이상	12%	12%
무상취득	3억 원 이상	12%	3.5%
	3억 원 미만	3.5%	3.5%
상속취득			2.8%

| 주택 외 부동산의 취득세율 |

구분		세율
주택 외 유상취득(토지, 건축물)		4%
원시취득, 상속(농지 외)		2.8%
무상취득		3.5%
농지	유상취득	3%
	상속	2.3%

상속받은 아파트,
상속세만 내면 끝 아닌가요?

정부가 '주택시장 안정화 대책'을 발표하고 난 후, 고위 관리자
의 발언도 눈길을 끌었습니다. 한국은 부동산 보유세는 낮고 양
도소득세가 높다 보니 '매물 잠김 효과Lock-in Effect'가 굉장히 크다
고 지적하며, 보유세 정상화를 향한 의지를 내비쳤죠. 또 다주택
자에 대한 중과도 문제지만 고가주택 한 채를 가진 사람에 대한
과세형평성 문제도 있다고 말했습니다.[14]

상황이 이러니 시장은 부동산 보유세에 대한 세제가 강화되는

방향을 예상하고 있습니다. 상속이나 증여로 주택을 취득할 경우 이 보유세 부담에 대한 검토도 함께 이뤄져야겠습니다.

재산세와 종합부동산세, 한눈에 살펴보기

재산세와 종합부동산세는 부동산을 보유하고 있으면 부과되는 세금입니다. 재산세는 물건별로, 종합부동산세는 개인별로 부과됩니다. 만약 주택을 두 채 보유하고 있다면 재산세는 '주택 각각의 가격'에 세금이 붙고 종합부동산세는 '주택 두 채의 가격을 합산한 금액'에 세금이 붙는 식이죠.

　재산세는 토지·주택·건축물·선박·항공기 등에 부과되는 세금입니다. 매년 6월 1일 당시에 해당 재산을 보유한 사람에게 해당 재산 소재지의 관할구청에서 납부고지서를 발송합니다. 이 고지서는 연 2회 발송되는데요. 건물 및 주택분의 1/2에 대해서는 매년 7월에, 토지 및 주택분의 1/2에 대해서는 매년 9월에 발송됩니다.

　종합부동산세는 재산세와 별도로 고액의 부동산 보유자에게 세금을 부과하고자 고지되는 세목입니다. 주택과 토지가 과세대상이고, 납세의무자는 재산세와 동일하게 매년 6월 1일에 해당 재산을 보유 중인 사람이에요. 종합부동산세 납부고지서는 해당 부동산 소재지의 관할 세무서에서 매년 12월 1일에서 12월 15일 사이에 발송합니다. 납세자가 신고·납부를 원하는 경우에는 동일 기간에 직접 신고·납부도 가능합니다.

정부의 보유세 강화, 어떻게 실현될까

정부가 시사하는 보유세 강화는 어떤 방식으로 이뤄질까요? 우선은 종합부동산세의 계산 구조를 다시 봅시다.

종합부동산세: (인별 주택공시가격 합계액 − 공제금액)
× 공정시장가액비율
× 세율

현재 1주택자의 경우 공시가격 12억 원 이하(2주택 이상은 9억 원)는 종합부동산세를 면제받을 수 있습니다. 12억 원을 초과하더라도 공정시장가액비율 60%를 적용하고 고령자공제(10~30%) 및 장기보유특별공제(20~40%)를 받을 수 있습니다. 즉 정부가 종부세 부담을 높이는 방법으로는, 주택공시가격에서 공제하는 금액을 낮추거나 공정시장가액비율을 높이거나 혹은 직접적으로 세율을 인상하는 선택지가 있겠죠.

2020년경 당시 정부가 종합부동산세 강화 정책을 펼쳤을 때도 상황은 비슷했습니다. 2020년 7월 10일 발표된 부동산 대책으로 공정시장가액 비율은 90%에서 95%로 상승했고, 세율 자체도 과세표준 구간별로 0.1%에서 0.3%까지 더 올랐어요. 당시는 서울 시내 아파트 가격이 급등한 때였습니다. 이에 정부는 사용 가능한 모든 카드를 빼들었던 겁니다.

지금도 서울 강남권과 마포·용산·성동구 등 이른바 '한강벨트'로 불리는 한강변 고가 아파트 지역 그리고 경기도 일부 지역의 주택 가격은 급등하고 있습니다. 정부가 앞으로 어떤 방향의 보유세 개편안을 내놓을지 유심히 지켜봐야겠습니다.

국토교통부가 2026년 1월 1일 기준으로 발표한 바에 따르면 전국 공동주택의 평균 공시가격은 작년에 비해 9.16% 올랐으며, 서울 아파트는 18.67% 급등했습니다. 특히 강남 3구 및 한강벨트는 20% 이상 뛰어 이 지역의 보유세 부담이 상당히 늘어날 것으로 예상됩니다.[15]

| 종합부동산세 계산 흐름 한눈에 보기 |

구분	주택분	종합합산 토지분	별도합산 토지분
공시가격	주택공시가격	종합합산 토지 공시가격	별도합산 토지 공시가격
- 공제금액	9억 원 (1세대 1주택자 12억 원)	5억 원	80억 원
× 공정시장 가액비율	주택분 60%, 토지분 100%		
종합부동산세 과세표준	'주택분 종합부동산세 과세표준'	'종합합산 토지분 종합부동산세 과세표준'	'별도합산 토지분 종합부동산세 과세표준'
× 세율	각자의 세율을 적용		
종합부동산세액	'주택분 종합 부동산세액'	'토지분 종합합산세액'	'토지분 별도합산세액'

| 종합부동산세 세율 |

주택분				
과세표준	일반		3주택 등	
	세율	누진공제	세율	누진공제
3억 원 이하	0.5%	-	0.5%	-
6억 원 이하	0.7%	60만 원	0.7%	60만 원
12억 원 이하	1%	240만 원	1%	240만 원
25억 원 이하	1.3%	600만 원	2%	1,440만 원
50억 원 이하	1.5%	1,100만 원	3%	3,940만 원
94억 원 이하	2%	3,620만 원	4%	8,940만 원
94억 원 초과	2.7%	10,180만 원	5%	18,340만 원

토지분 종합합산			토지분 별도합산		
과세표준	세율	누진공제	과세표준	세율	누진공제
15억 원 이하	1%	-	200억 원 이하	0.5%	-
45억 원 이하	2%	1,500만 원	400억 원 이하	0.6%	2,000만 원
45억 원 초과	3%	6,000만 원	400억 원 초과	0.7%	6,000만 원

상속이 시작되면,
어떤 것부터 처리해야 하나요?

"2주 전에 아버지가 돌아가셨는데, 워낙 갑작스러워서 절차를 잘 모르겠습니다. 어떤 일을 우선해서 처리해야 하나요?"

상속이 개시되면 고인을 떠나보낸 슬픔을 추스르기도 전에 처리해야 할 일들이 밀려옵니다. 특히 중요한 것은 상속세 신고를 위한 준비입니다. 상속개시일이 속하는 달의 말일부터 6개월 이내에 상속세 신고와 납부를 모두 마무리해야 하거든요. 이때는 고인의 상속재산을 조회해 가치를 평가하고, 상속인 간에 재산 분할을 협의하며 여러 절차를 거쳐야 합니다. 그래서 6개월이라는 시간이 넉넉하게 느껴지진 않습니다.

| 상속 절차 타임라인 |

상속개시일	1개월 내	3개월 내	6개월 내	1년 내
	사망신고	상속 승인· 포기 결정	상속세 신고	상속세 조사

저는 상속세 상담을 진행할 때, 상속개시일로부터 1개월·3개월·6개월 내에 각각 처리해야 하는 일을 알려드리며 타임라인을 안내하는 편입니다.

상속 절차,
타임라인으로 정리해보자

우선은 상속이 개시되고 1개월 내에 사망신고를 해야 합니다. 신고는 고인의 본적지 또는 신고인 주소지의 시·구·읍·면 등에서 가능합니다. 사망지 또는 화장지, 매장지의 시·구·읍·면에서도 신고할 수 있습니다. 진행할 때는 진단서나 검안서 등 사망 사실을 증명하는 서류와 함께 신고인의 신분증을 구비해야 합니다. 기한 내에 사망신고를 하지 않으면 과태료 5만 원이 부과됩니다.

↘ 정부24gov.kr 홈페이지에 접속해, '민원 서비스-원스톱 서비스-안심상속'을 찾으면 됩니다.

사망신고 후에는 고인의 상속재산을 파악하는 일이 필요한데요. 상속인이라 해도 고인의 재산이 어디에 얼마나 있는지를 모두 파악한 경우는 드뭅니다. 이때 정부24의 '안심상속 원스톱 서비스'를 활용하면 편리합니다. 정부24 홈페이지를 통해 온라인으로 신청하면 고인의 금융재산과 부채, 토지와 건물 등의 부동산, 국세와 지방세의 체납 여부 및 고지세액, 국민연금 가입 여부까지 한 번에 조회됩니다.

이 서비스는 사망일이 속하는 달의 말일부터 6개월 내에, 상속인이 온라인으로 신청할 수 있습니다. 신청 후 결과 확인까지는 대략 7일에서 20일이 소요됩니다. 금융거래는 조회 신청 시 계좌 거래가 정지되어 입출금이 제한될 수 있으므로 유의해야 합니다.

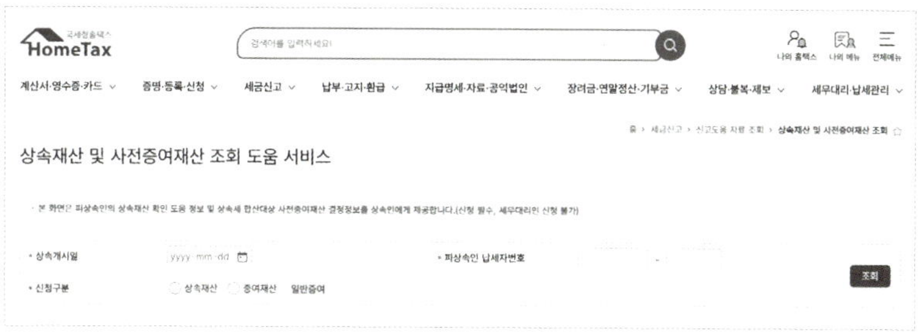

↘ 홈택스hometax.go.kr에 접속한 후, '세금신고-상속세 신고-신고도움 자료 조회-상속재산 및 사전증여재산 조회' 경로를 이용합시다.

금융재산과 관련해서는 추가적인 처리가 필요합니다. 안심상속 원스톱 서비스를 이용할 땐 어느 금융기관에 예금이 얼마나 있는지 정도만 조회되거든요. 상속세 신고를 위해 금융거래 내역을 제공받으려면 상속인이 직접 각 금융기관에 방문해 고인의 금융거래 내역을 요청해야 합니다.

고인이 생전에 상속인에게 사전증여한 내역도 필요하겠죠? 이 내역은 홈택스에서 조회할 수 있습니다. 홈택스에 공인인증서로 로그인한 후, 관련 서식을 다운받아 작성 후 신청하면 됩니다.

상속 승인 및 포기 결정은 어떻게 할까요? 상속개시일로부터 3개월 내에 가정법원에 신청해 허가를 받아야 합니다. 상속의 '승인'과 '포기'는 고인의 재산과 부채를 어떻게 처리할지 상속인이 선택하는 과정인데요. 단순승인, 한정승인, 상속포기의 세 가지 방식으로 나뉩니다.

단순승인은 상속인이 특별히 신고하지 않거나 고인의 재산을 처분하는 등 상속 의사가 명확한 경우에 해당합니다. 따라서 재산뿐 아니라 부채도 전부 상속받게 됩니다. **한정승인**은 고인의 재산과 부채를 명확하게 파악하지 못한 경우 또는 부채보다 재산이 더 많을 가능성이 있을 때 내리는 결정입니다. 상속받은 재산의 한도 내에서만 부채를 부담하기로 결정하는 일이죠. 상속이 개시되었음을 알게 된 날로부터 3개월 내에 가정법원에 신고해야 합니다.

상속포기는 고인의 재산과 부채를 모두 포기하는 일입니다. 상속 자체를 받지 않겠다는 의사 표현입니다. 한정승인과 마찬가지로 기한 내에 가정법원에 신고해야 합니다. 이때는 상속재산의 일부만 포기하는 일은 불가능해요. 상속포기를 택하면 다음 순위 상속인에게 상속권이 넘어갑니다.

상속세를 신고하고 납부하는 것도 6개월 내에 이뤄져야 합니다. 상속재산 중 부동산이나 회원권이 있다면 소유권 이전을 위한 명의 변경도 6개월 내에 완료해야 해요. 이때 상속을 원인으로 한 취득세도 함께 납부하게 됩니다.

고인이 생전에 소득활동을 해서 상속개시일까지 발생한 소득이 있을 시, 상속세 신고 기한 내에 종합소득세 신고도 마쳐야 합니다. 만약 상속개시일이 5월 이전이라면 고인이 사망한 연도의 직전연도 종합소득세 신고조차 이뤄지지 않았을 테니 직전연도

상속 순위	상속인
1순위	직계비속과 배우자
2순위	직계존속과 배우자
3순위	형제자매
4순위	4촌 이내의 방계혈족 중 근친 순

종합소득세 신고도 해야 합니다. 여기서 신고한 종합소득세는 상속세 계산 시 공과금으로 상속재산가액에서 차감해줍니다.

상속세 신고까지 끝나면 신고 기한으로부터 9개월 내에 상속세 조사가 이뤄집니다. 이를 통해 상속세의 과세표준과 세액이 결정되고요. 조사는 상속재산의 규모에 따라 고인의 주소지 관할 세무서 또는 지방 국세청에서 진행합니다. 상속세 조사가 끝나야만 비로소 상속의 모든 절차가 종결되는 겁니다.

 상속세 부담이 너무 큰데, 마땅한 방법이 있을까요?

"중소기업을 운영하던 부모님이 돌아가셨습니다. 저와 형제들은 회사원이라 상속세 처리에 대한 고민이 큽니다. 상속을 포기하는 게 차라리 나을까요?"

상속세는 일시에 상속받는 재산의 규모가 크기 때문에 부담도 클 수밖에 없습니다. 그래서 상속세를 나눠 내고, 할부로 내고, 또 상속재산 자체로도 납부할 수 있도록 법으로 규정하고 있죠.

우선 상속세가 1,000만 원을 초과한다면 원래의 신고 기한(상속개시일이 속하는 달의 말일부터 6개월)까지 절반을 내고, 2개월 후 나머지 절반을 내는 방식으로 **분납**할 수 있습니다. 혹은 카드 할

부처럼 장기간에 걸쳐 나눠 납부할 수도 있습니다. 이를 **연부연납**이라고 부릅니다. 연부연납을 하려면 요건을 충족해야 하고, 상속세 신고 기한 내에 세무서에 신청해 허가를 받아야 합니다. 상속세가 2,000만 원을 초과하는 경우 납세담보를 제공해 신청할 수 있으며, 최장 10년 이내에서 납세자가 선택한 기간에 따라 분할 납부가 가능하죠.

카드 할부에 이자가 붙는 것처럼 연부연납에도 이자가 붙습니다. 현재 연부연납 가산금은 국세기본법 시행령이 정한 바에 따라 연 3.1%입니다(2025년 3월 21일부터 해당 이율 적용). 즉 신청에 앞서 이자 부담까지 고려해야 합니다. 특히 상속재산을 납세담보로 제공하는 경우 세무서가 해당 재산이 적정한 담보인지 심사하는 절차가 필요하고, 세무서 판단에 따라 허가가 거절될 수도 있습니다.

이럴 때는 상속재산을 직접 담보로 제공하는 대신 '납세보증보험증권'을 제출하면 담보 제공을 갈음해 연부연납 허가를 받을 수 있어요. 반드시 연부연납이 필요한 상황이라면 납세보증보험 가입을 검토해보는 것도 좋습니다.

또 다른 방법은 **물납**인데요. 현금 대신 상속받은 부동산이나 주식을 세금으로 내는 게 가능합니다. 물납을 신청할 수 있는 조건은 다음과 같습니다.

① 상속세가 2,000만 원을 초과하면서

② 상속재산 중 부동산과 비상장주식을 제외한 유가증권 가액이
50%를 초과하고

③ 상속세가 상속재산 중 금융재산가액을 초과하는 경우

이때도 상속세 신고 기한까지 물납신청서를 제출하고 세무서의 승인을 받아야 해요. 이후 세무서가 물납한 재산가액의 가치를 평가하고 이를 관리·처분하는 데 문제가 없는지 검토하게 됩니다.

실제 사례를 살펴봅시다. 2022년 2월 별세한 넥슨의 창업주 故김정주 회장의 유족은 상속세의 일부를 넥슨그룹의 지주회사인 엔엑스씨NXC의 비상장주식으로 납부했습니다.[16] 당시 유족이 부담해야 하는 상속세는 역대 최고액인 약 6조 원으로 추정되었는데요. 유족은 엔엑스씨 지분의 약 30%에 달하는 4조 7,000억 원가량의 주식을 상속세로 납부했습니다.

물납으로 받은 재산은 정부가 매각을 통해 현금화합니다. 단 비상장주식의 경우 매각이 쉽지 않죠. 엔엑스씨도 마찬가지였습니다. 매각 대상 주식가액이 막대하고 경영권 프리미엄을 얻지 못하는 상황에서 이를 매수할 만한 상대를 찾기란 어려운 일이었습니다. 그래서 현재까지도 해당 주식은 기획재정부가 보유하고 있습니다. 명목상 2대 주주인 셈이죠.

이렇듯 납부할 상속세가 너무 많아 주식으로 물납하는 상황에서는 엔엑스씨 같은 대기업뿐 아니라 중소·중견기업도 경영권 유지에 큰 어려움을 겪습니다. 오랜 세월 가업을 이어온 기업가들은 경영 의욕을 잃어버리기도 합니다. 탄탄한 중소·중견기업이 세금 때문에 흔들린다니, 안타까운 일입니다.

상속세 신고하고 납부도 했는데, 왜 또 세금을 내라는 건가요?

상속세는 소득세나 법인세와는 다릅니다. 납세자가 신고·납부했다 해서 그 세액이 확정되지는 않습니다. 상속인이 신고 기한 내에 상속세를 자진 신고하는 일은 어디까지나 협력 의무일 뿐이에요. 최종세액의 결정은 국세청 또는 세무서의 조사 이후에 이뤄집니다.

상속세 및 증여세법에서는 상속세 신고·납부 기한으로부터 9개월 이내에 관할 세무서장이 상속세를 결정하도록 규정합니다. 그래서 상속세를 신고하면 6개월 이내에 세무조사가 시작됩니다. 세무조사 기간은 일반적으로 30일에서 90일가량이지만, 필요한 경우 중지되거나 연장될 수 있습니다.

때때로 상속세 신고 후 상속인들 간에 **유류분반환청구소송**이 진행되기도 합니다. 이 소송은 상속재산 중 법적으로 보장된 유류분이 침해되었을 때, 부족한 만큼의 재산을 반환해달라고 청구하는 소송입니다. 소송의 결과에 따라 상속재산 분할 내용이 달라지면 상속세 역시 변동될 수 있어요. 그렇기에 통상적으로는 상속인이 세무조사 중지를 신청합니다. 소송이 끝날 때까지 상속세 조사를 미루는 방식으로 처리하기도 합니다.

상속재산의 규모에 따라 세무조사를 관할하는 주체도 달라집니다. 상속재산가액이 50억 원을 초과하는 경우 '지방국세청 조사국'이 진행을 맡고, 그 이하 금액은 '일반 세무서 재산세과'에서 진행합니다.

상속세 조사에서 국세청은 우선 고인이 사망하기 전 일정 기간의 금융재산 및 부동산 보유 현황을 파악합니다. 상속인 및 생전에 증여빋은 수증자의 금융새산에 대한 자료도 일괄적으로 조회하죠. 이를 통해 고인의 상속재산이 빠짐없이 신고되었는지, 부동산가액은 적정하게 평가되었는지, 상속개시 전 10년 이내에 상속인에게 사전증여한 재산에 대한 증여세 신고가 누락되진 않았는지, 용도가 불분명한 거액의 현금이 인출된 내역은 없는지 등을 살펴봅니다.

상속인들이 아무리 최선을 다해 상속세 신고를 하고 조사를 대비한다고 해도 국세청의 인적·물적 인프라를 통한 정보력을 당해낼 수는 없습니다. 국세청은 상속개시일로부터 10년 내의 금융거래 내역과 모든 재산의 취득 및 처분에 대해 조회할 수 있거든요.

상속세에 붙는 가산세는 두 가지

세무조사 과정에서 상속인들이 미처 몰랐던 상속재산이 밝혀지거나 사전증여한 재산의 증여세 신고가 누락된 것이 발견되면, 추가적인 상속세가 발생하고 가산세까지 붙습니다. 이때 부과되는 가산세는 '무신고 또는 과소신고 가산세'와 '납부지연 가산세'로 나뉩니다.

무신고 또는 과소신고 가산세는 상속세 신고 기한 내에 신고하

| 무신고 또는 과소신고 가산세 한눈에 보기 |

부과 사유	가산세
일반 무신고	무신고납부세액 × 20%
부정 무신고	무신고납부세액 × 40%
일반 과소신고	과소신고납부세액 × 10%
부정 과소신고	부정과소신고납부세액 × 40%

지 못했거나 신고할 세액을 과소하게 신고한 경우 부과됩니다. 원인에 따라 일반 무신고(과소신고)와 부정 무신고(과소신고)로 구분되죠.

'부정'이라는 단어에 눈길이 가실 텐데요. 이는 납세자가 세금의 부과와 징수를 불가능하게 하거나 현저히 곤란하게 하는 적극적 행위를 의미합니다. 보통 이중장부를 쓰거나, 재산을 은닉하는 행위를 했을 때 부정행위를 했다고 봅니다.

사실 현실에서 이러한 부정행위에 의한 가산세가 부과되는 경우는 거의 없습니다. 대부분은 일반적인 사유로 가산세를 부과받죠. 무신고의 경우 과소신고 가산세율의 2배를 적용하기 때문에, 반드시 기한까지 신고를 마쳐야 불필요한 가산세 지출을 줄일 수 있습니다.

헌데 앞서 살펴본 상속 절차를 진행하다 보면 기한에 맞추는

☞ 더 정확히 알아보자! 부정 무신고의 부정행위 항목

① 이중장부의 작성 등 장부의 거짓 기장
② 거짓증빙 또는 거짓 문서의 작성 및 수취
③ 장부와 기록의 파기
④ 재산의 은닉, 소득 수익 행위 거래의 조작 또는 은폐
⑤ 고의적으로 장부를 작성하지 아니하거나 비치하지 아니하는 행위
⑥ 전사적 기업지 원관리설비의 조작 또는 세금계산서의 조작
⑦ 그 밖에 위계에 의한 행위 또는 부정한 행위

것도 쉽지는 않습니다. 특히 상속재산을 온전히 파악하지 못했거나 상속인 간에 상속재산 분할 협의가 잘 이뤄지지 않으면 상속세액을 확정하지 못한 채 시간만 흐르기도 해요. 이럴 때 저는 불완전한 자료라 해도 일단은 기한 내에 신고하는 것을 권유합니다. 무신고보다는 과소신고로 가산세가 부과되는 편이 더 낫기 때문입니다.

한편 과소신고 가산세를 부과하지 않는 예외적인 경우도 있습니다. 상속세 신고 당시 소유권에 대한 소송 등의 사유로 상속재산이 확정되지 않은 경우, 상속공제를 잘못 적용한 경우, 상속재산의 평가액이 잘못된 경우에는 '납부지연 가산세'만 부과됩니다. **납부지연 가산세**는 세금을 기한 내에 납부하지 않거나 미달해서 납부한 부분에 대해, 미납 일수만큼 이자의 성격으로 붙는 가산세를 의미합니다. 계산식을 살펴볼까요?

미납 또는 미달 납부세액 × 미납 기간 × 이자율
= 납부지연 가산세

여기서 미납 기간은 납부 기한의 다음 날부터 결정고지일까지를 가리키는 것이고, 이자율은 22/100,000로 계산합니다. 이 식에 따르면 미납부한 세액에 대해 연간 약 8%의 이자를 부담하는 셈입니다.

# 어머니가 상속받은 주택에 제가 살면 증여세를 내야 하나요?

상속세를 계산할 때 가장 도움이 되는 공제 항목 중 하나가 바로 배우자상속공제입니다. 상속인 중 배우자가 있는 경우 배우자가 실제로 상속받은 재산가액을 최대 30억 원까지 상속재산에서 공제받을 수 있으니까요. 그래서 상속세 부담을 줄이기 위해 상속재산의 큰 부분을 배우자의 몫으로 분할하는 경우가 많은데요. 이때 배우자가 상속받은 주택에 실제로는 자녀가 살게 되면,

또 세금을 내야 할까요?

사실 이 문제는 앞서 한 번 살펴봤던 내용입니다(118쪽 참고). 부모님의 부동산을 무상으로 사용할 경우 5년간의 이익이 1억 원 이상일 때 증여세가 과세되고, 이를 역산해 부동산의 가액이 13억 원 이하라면 증여세가 과세되지 않습니다. 다만 부동산의 가액이 13억 원을 넘는다 해도 부동산 소유자와 함께 거주 중인 가족에게는 증여세가 과세되지 않아요.

부모님의 재산으로 대출받아도 세금이 붙는다

많은 분이 증여세는 '재산을 직접 받았을 때'만 내는 것이라고 생각합니다. 하지만 우회적으로 재산을 받은 경우에도 증여세가 과세될 수 있습니다. 상속세 및 증여세법에서 증여에 대해 이렇게 정의하고 있기 때문입니다.

'증여'란 그 행위 또는 거래의 명칭·형식·목적 등과 관계없이 직접 또는 간접적인 방법으로 타인에게 무상으로 유형·무형의 재산 또는 이익을 이전(현저히 낮은 대가를 받고 이전하는 경우를 포함한다)하거나 타인의 재산가치를 증가시키는 것을 말한다.

자녀가 대출을 받을 때 부모님의 부동산을 담보로 삼는 것이 대표적인 예입니다. 분명 부모님에게 직접 부동산을 증여받은 건 아니죠. 하지만 부모님 명의의 부동산을 담보로 제공받아 더 낮은 이자율로 대출을 받은 이익을 얻었다고 보는 겁니다.

따라서 이럴 때는 '대출받은 금액'에 '세법에서 정한 적정이자율'을 곱한 후, '이 대출을 통해 실제 지급한 이자를 뺀 금액'을 구해 세금을 매깁니다.

차입금 × 적정이자율(4.6%) − 실제 지급한 이자
= 증여이익

단, 이 금액이 연간 1,000만 원 미만인 경우에는 증여세를 과세하지 않습니다.

낼 세금이 없는데도
증여세 신고를 꼭 해야 하나요?

자녀에게 실행하는 첫 증여로는 미성년인 자녀나 이제 갓 성인이 된 자녀에게 증여재산공제액에 맞춰 2,000만 원 혹은 5,000만 원의 현금을 주는 경우가 많습니다. 이런 상황에서는 낼 세금이 없는데요. 그럼에도 증여세 신고를 꼭 해야 할까요?

증여받은 재산의 가액보다 증여재산공제액이 커서 납부할 세금이 없다면 증여세 신고를 하지 않아도 불이익은 없습니다. 하지만 신고 자체는 해두는 편을 추천합니다. 이렇게 신고한 금액은 추후 자녀가 재산을 취득하거나 채무를 상환한 사실을 객관적으로 입증해야 할 때 자금의 원천으로 인정받을 수 있거든요. 가령 추후 자녀가 주택을 구입하며 주택취득자금 조달계획서를 제출할 때, 과거에 증여세 신고를 했었다면 해당 금액을 자금 출처로 인정받을 수 있습니다.

상속의 경우는 어떨까요? 만약 상속받는 재산가액이 상속공제액보다 더 적어서 내야 할 상속세가 없을 땐 상속세를 신고하지 않아도 괜찮을까요? 결론부터 말하자면, 여기서도 신고하는 편이 훨씬 유리합니다.

상속세는 다른 세금에 비해 공제금액이 큽니다. 상속세를 계산해보면 낼 세금이 없는 경우가 더 많죠. 상속인 중에 배우자가 있다면 최소 10억 원(일괄공제 5억 원과 배우자상속공제 5억 원), 배우자가 없다면 최소 5억 원(일괄공제 5억 원)을 공제받을 수 있으니까요. 결국 상속받을 재산이 5억 원에서 10억 원 정도는 되어야 상속세가 발생한단 뜻입니다.

그래서 상속받을 재산이 적은 분들은 상속세에 신경 쓰지 않는 경우가 많습니다. 대개는 부동산이나 차량 등의 소유권 이전 절차를 진행하며 상속을 마무리합니다. 이때는 상속세 신고를 하지 않아도 가산세 등의 불이익은 없습니다. 낼 세금이 0원이니까요.

문제는 상속받은 부동산을 처분할 때, 즉 '양도'할 때 발생합니다. 양도소득세는 부동산을 팔 때 내는 세금입니다. 기본적으로 양도가액에서 취득가액을 뺀 양도차익에 대해 세금이 부과됩니다. 부동산을 팔 때는 최대한 높은 가격으로 팔아야 이득이겠죠?

하지만 양도소득세를 줄이기 위해서는 양도차익을 줄여야 합니다. 이 딜레마 사이에서 균형을 잡는 최선의 방법은 '취득가액을 최대한 높게 인정받는 일'입니다.

상속받은 재산은 상속개시일 당시의 시가를 취득가액으로 규정합니다. 즉 부동산을 상속받았다면 상속세를 신고할 때 평가한 가액이 곧 해당 부동산의 취득가액으로 정해지는 겁니다.

그런데 부동산을 상속받은 후 상속세를 신고하지 않고, 몇 년이 지나 해당 부동산을 팔게 된다면 어떨까요? 신고된 금액이 없고, 나아가 시가를 알기도 힘든 상황이라면요. 이때는 세법이 정한 보충적 평가방법을 통해 취득가액을 적용하게 됩니다. 만약 상속받은 재산이 단독주택이라면 유사한 매매사례가액을 찾기 어려우므로 기준시가인 개별주택가격을 취득가액으로 사용하는 식입니다. 앞서 살펴봤듯 기준시가는 세금을 부과하는 기준이 되는 가액입니다. 부동산 종류별로 구분법이 다르죠.

문제는 이 기준시가가 보통 시가의 60~70% 수준인 낮은 금액으로 공시된다는 사실입니다. 때문에 이 가액을 취득가액으로 적용한다면 양도차익이 늘어나고 양도소득세도 더 많이 부담할 수밖에 없습니다.

최근 정부는 2026년 아파트 공시가격 현실화율을 기존과 동일한 69%로 유지한다는 방침을 발표했습니다.[17] 공동주택 69%, 단독주택 53.6%, 토지 65.5%로 공시가격 현실화율은 4년 연속

| 기준시가의 구분 |

토지	개별공시지가
공동주택	공동주택가격
단독주택	개별주택가격
건물	신축가격·구조·용도·위치·신축연도 등을 고려해, 국세청장이 매년 1회 이상 산정·고시하는 가격

동결된 상태입니다. 따라서 상속받은 재산이 많지 않아 납부할 상속세가 없더라도 상속개시 당시의 시가를 적정하게 평가해 상속세 신고를 해두는 것이 더 유리할 확률이 큽니다. 추후 상속받은 부동산을 매매할 때 취득가액을 찾기 어려워 기준시가를 사용한다면, 양도소득세 부담도 불어나기 마련이니까요.

부모님께 증여받고
10년만 버티면 된다는 말,
진짜인가요?

결혼을 앞둔 30대 고객분이 증여 상담을 의뢰했습니다. 신혼집 마련을 위해 부모님의 도움을 받을 계획인데, 현재 전세로 임대 중인 부모님 명의의 빌라를 증여받는 것이 나을지, 이 빌라를 팔아 현금으로 증여받는 것이 나을지가 궁금하다면서요. 증여세·양도세·취득세까지 세금이 전부 얼마나 나올지를 질문하더니 이런 말을 덧붙였어요.

> "사실 10여년 전 아버지가 사주신 오피스텔이 있는데요. 그때 증여세 신고를 하지 않았습니다."

당시는 사회초년생으로 소득이 낮았던 때라 아버지가 자녀 명의로 매입하셨고, 고객은 그 오피스텔에서 몇 년간 거주도 했다고 합니다.

"이번에 증여받게 되면 이 오피스텔에 대한 증여세까지 추징될까 걱정입니다. 증여받고 10년이 지나면 증여세를 안 내도 된다는 말을 들었는데, 사실인가요?"

하나하나 살펴봅시다. 증여세를 기한 내에 신고·납부하지 않으면 본래 내야 했던 증여세에 가산세까지 부과됩니다. 이 경우는 무신고에 해당합니다. 즉 납부하지 않은 증여세의 20%가 무신고 가산세로 부과되고, 신고·납부 기한이 경과한 일수만큼 이자 성격의 납부지연 가산세가 별도로 부과됩니다. 납부지연 가산세는 연간 약 8%의 이자율에 해당하니 미납 기간을 10년으로 계산하면 그 금액이 상당하겠죠.

위 사례의 고객분이 언급한 '10년'은 국세청이 세금을 부과할 수 있는 기간을 의미합니다. 이를 **국세부과 제척기간**이라고 합니다. 헌데 이 '제척기간'은 세금 종류와 신고 여부에 따라 다르게 규정됩니다. 상속세와 증여세의 경우 일반적인 제척기간은 10년입니다. 하지만 증여세 신고 자체를 하지 않은 경우에는 제척기간이 15년으로 늘어납니다. 결국 위 사례처럼 신고가 이뤄지지 않았다면 10년이 아닌 15년을 버텨야 합니다.

한편, 고액의 재산을 포탈한 후 국세청의 레이더망을 피하기란 쉽지 않습니다. 제3자의 명의로 된 증여자의 재산을 수증자가 취득하는 경우 등 '일정한 사유'로 인해 상속세 및 증여세를 포탈한 재산가액이 50억 원을 초과할 때는 국세청이 이 사실을 인지한 날로부터 1년 이내까지 상속세와 증여세를 부과할 수 있거든요. 즉 시간이 한참 흘렀다 해도 '국세청이 알아차린 순간부터' 1년간 세금을 따질 수 있으므로 사실상 사라지지 않는 제척기간이 있는 셈입니다.

☞ 더 자세히 알아보자! 15년의 제척기간이 적용되는 경우

① 납세자가 부정행위로 상속세·증여세를 포탈하거나 환급·공제받은 경우
② 상속세와 증여세 신고 기한까지 신고서를 제출하지 않은 경우
③ 상속세와 증여세 신고 기한까지 신고서를 제출한 자가 대통령령으로 정하는 거짓신고 또는 누락신고를 한 경우 (그 거짓신고 또는 누락신고를 한 부분만 해당됨)

거짓신고 또는 누락신고란?
① 상속재산가액 또는 증여재산가액에서 가공의 채무를 빼고 신고한 경우
② 권리의 이전이나 그 행사에 등기, 등록, 명의개서 등이 필요한 재산을 상속인 또는 수증자의 명의로 등기 등을 하지 아니한 경우로서 그 재산을 상속재산 또는 증여재산의 신고에서 누락한 경우
③ 예금, 주식, 채권, 보험금, 그 밖의 금융자산을 상속재산 또는 증여재산의 신고에서 누락한 경우

① 제3자의 명의로 되어 있는 피상속인 또는 증여자의 재산을 상속인이나 수증자가 취득한 경우

② 계약에 따라 피상속인이 취득할 재산이 계약이행기간에 상속이 개시됨으로써 등기·등록 또는 명의개서가 이뤄지지 아니하고 상속인이 취득한 경우

③ 국외에 있는 상속재산이나 증여재산을 상속인이나 수증자가 취득한 경우

④ 등기·등록 또는 명의개서가 필요하지 아니한 유가증권, 서화, 골동품 등 상속재산 또는 증여재산을 상속인이나 수증자가 취득한 경우

⑤ 수증자의 명의로 되어 있는 증여자의 「금융실명거래 및 비밀보장에 관한 법률」에 따른 금융자산을 수증자가 보유하고 있거나 사용·수익한 경우

⑥ 비거주자인 피상속인의 국내재산을 상속인이 취득한 경우

⑦ 명의신탁재산의 증여의제에 해당하는 경우

⑧ 상속재산 또는 증여재산인 「특정 금융거래정보의 보고 및 이용 등에 관한 법률」에 따른 가상자산을 같은 법에 따른 가상자산사업자를 통하지 아니하고 상속인이나 수증자가 취득한 경우

# 증여를 취소하고 싶어요. 증여세를 돌려받을 수 있나요?

"자녀에게 부동산을 증여했는데, 취소하고 싶습니다. 증여세도 돌려받을 수 있을까요?"

앞서 이야기했던, 노부모를 봉양하는 조건으로 '효도계약서'를 쓰고 건물을 증여받은 아들의 사연을 기억하시나요? 아들이 계약을 제대로 이행하지 않자, 노부모가 증여재산 반환 소송을 걸어 건물 소유권을 반환하라는 판결을 받았죠. 이렇게 증여가 취소될 경우 건물을 증여할 당시 납부했던 증여세는 돌려받을 수 있을까요?

부동산 증여의 취소는 '취소 시점'에 따라 세 가지 경우로 나눌

수 있습니다. 우선, 증여세 신고 기한 이내라면 취소가 가능합니다. 증여세는 증여일이 속하는 달의 말일로부터 3개월 이내에 신고·납부해야 하며, 부동산 증여의 경우 증여일은 소유권이전등기 접수일로 계산합니다. 이 기간에는 증여 취소가 가능하고 증여세가 부과되지 않습니다. '당초 발생한 증여'와 '그 재산을 다시 돌려주는 증여' 양쪽 모두에 해당합니다.

증여세 신고 기한이 지난 시점으로부터 3개월 이내까지는 원칙적으로 취소가 불가능합니다. 따라서 '당초 발생한 증여'에 대해서는 세금을 납부해야 합니다. 그러나 '그 재산을 다시 돌려주는 증여'가 이뤄진다면 여기에는 증여세가 붙지 않아요.

신고 기한도 지나고, 그 지난 시점으로부터 다시 3개월도 지났다면 어떻게 될까요? 이 시기의 의사결정은 매우 신중해야 합니다. 이 경우 '당초 발생한 증여'와 '그 재산을 다시 돌려주는 증

| 증여를 취소하면, 증여세도 취소할 수 있을까 |

당초의 증여	취소하면 증여세 ×	취소해도 증여세 ○	취소해도 증여세 ○
다시 돌려주는 증여	취소하면 증여세 ×	취소하면 증여세 ×	취소해도 증여세 ○

여' 양쪽에 증여세가 붙기 때문입니다.

그러니 부동산을 증여할 때는 주의가 필요합니다. 소유권이 전등기 진행 과정에서 납부한 취득세는 어떤 경우에도 돌려받을 수 없기 때문입니다. 오히려 증여를 취소하며 반환하는 상황에서도 취득세를 납부해야 합니다. 이처럼 증여 취소 시에는 이 과정에서 발생하는 기타비용까지 꼭 고려해야만 합니다.

부동산이 아닌 현금을 증여한 경우에는 증여세 신고 기한 이내라도 취소가 불가능합니다. 당초의 증여와 취소하는 증여 모두 증여세 과세 대상이거든요. 이것이 바로 증여를 꼼꼼하게 검토해야 하는 이유이기도 합니다.

상속세 및 증여세 계산 한눈에 보기

| 상속세 계산 흐름도 |

총상속재산가액	• 상속재산가액: 국내외 소재 모든 재산 (상속개시일 현재의 시가로 평가) - 본래의 상속재산 (사망 또는 유증·사인증여로 취득한 재산) - 상속재산으로 보는 보험금·신탁재산·퇴직금 등 • 상속재산에 가산하는 추정상속재산
- 비과세재산가액	국가·지방자치단체에 유증한 재산, 금양임야, 문화재 등
- 과세가액불산입액	공익법인 등에 출연한 재산 등
- 공과금·장례비용·채무	
+ 사전증여재산	• 피상속인이 상속개시일 전 10년(5년) 이내에 상속인(상속인이 아닌 자)에게 증여한 재산가액 • 증여세 특례세율 적용 대상인 창업 자금, 가업승계 주식 등은 기한 없이 합산
상속세 과세가액	
- 상속공제	• 아래 공제 합계 중 공제적용 종합한도 이내의 금액만 공제 가능 - 둘 중 큰 금액[(기초공제+그 밖의 인적공제), 일괄공제 5억 원] 가업·영농상속공제 배우자상속공제 금융재산상속공제 재해손실공제 동거주택상속공제

- 감정평가수수료공제

상속세 과세표준	과세최저한 50만 원 미만
× 세율	10~50% 누진세율
상속세 산출세액	
+ 세대생략 할증세액	• 상속인이나 수유자가 피상속인의 자녀가 아닌 직계비속이면 30% 할증(단, 미성년자가 20억 원을 초과해 상속받으면 40% 할증) • 직계비속의 사망으로 최근친 직계비속에 해당하는 경우는 적용 제외
- 지정문화유산 등 징수유예세액	
- 세액공제	증여세액공제, 단기재상속세액공제, 신고세액공제
신고납부세액	분납, 물납, 연부연납 가능

| 증여세 계산 흐름도 |

증여재산가액의 합계액	국내외 소재 모든 재산(증여일 현재의 시가로 평가)
- 비과세 및 과세가액 　불산입액	• 비과세: 사회 통념상 인정되는 피부양자의 　생활비, 교육비 등 • 과세가액 불산입: 공익법인 등에 출연한 재산 등
- 채무액	증여재산에 담보된 채무인수액 (임대보증금, 금융기관 채무 등)
+ 증여재산가산액	• 증여일 전 동일인으로부터 10년 이내 증여받은 　재산의 과세가액 합계액이 1,000만 원 이상일 　때, 그 과세가액을 더함 • 동일인: 증여자가 직계존속인 경우 그 배우자 　포함
증여세 과세가액	
- 증여공제	증여재산공제, 혼인·출산 증여재산공제, 재해손실공제
- 감정평가수수료	
증여세 과세표준	과세최저한 50만 원 미만
× 세율	10~50% 누진세율
증여세 산출세액	

+ 세대생략 할증세액

• 수증자가 증여자의 자녀가 아닌 직계비속이면
  30% 할증(단, 미성년자가 20억 원을 초과해
  상속받으면 40% 할증)
• 직계비속의 사망으로 최근친 직계비속에
  해당하는 경우는 적용 제외

- 징수유예세액

- 세액공제

기납부세액공제, 외국납부세액공제, 신고세액공제

신고납부세액

분납, 연부연납 가능

| 상속세 및 증여세율 |

과세표준	세율	누진공제액
1억 원 이하	10%	없음
5억 원 이하	20%	1,000만 원
10억 원 이하	30%	6,000만 원
30억 원 이하	40%	1억 6,000만 원
30억 원 초과	50%	4억 6,000만 원

1   디지털 유산이 뭐죠? 인지도 낮아 사회적 논의 필요 / 전자신문, 2025.01.23.

2   터무니없게 낮게 신고한 상속·증여 '고가주택', 확대된 국세청 감정평가로 바로잡아 / 국세청 보도자료, 2025.04.24.

3   "국세청 '꼬마빌딩 감정평가' 위법…상속세 164억원 취소하라" / 조세일보, 2025.12.16.

4   "화려한 그 카페, 애들과 가봤더니 5만원 기본"…업주는 운영하다 물려주면 '남는 장사' / 아시아경제, 2025.10.04.

5   법제처, 정보통신망 이용촉진 및 정보보호 등에 관한 법률 시행령 일부개정령안, 의안번호 2208046.

6   암호화폐 투자자 무더기 세금폭탄 미국 국세청(IRS) / 글로벌이코노믹, 2025.07.01.

7   디지털 화폐규정부터 초고액 자산까지…주요국 세제 개편 지도 / 조세일보, 2025.09.01.

8   박소영, "미국·프랑스, 개인이 생전에 디지털 유산 처리 방법 결정할 수 있도록 명문화", 나라경제, 2025년 05월호.

9   프랑스, 강화된 비트코인 과세 규제 도입…'비생산적 자산' 분류 / 블록미디어, 2024.12.04.

10   中 코로나 사망자 '디지털유산' 까다로운 규정에 상속 어려워 / 서울경제, 2020.04.13.

11   대법원 2024. 9. 12. 선고 2022두64143 판결.

12   국적 세탁에 해외 유령회사로 자녀에 증여…국세청, 역외탈세자 54명 세무조사 / 조선일보, 2021.03.24.

세상 친절한 증여상속

용돈에서 주식 코인까지, 속속들이 알려주는 증여상속 가이드북

초판 1쇄 발행 2026년 4월 22일

지은이 김한미
펴낸이 성의현
펴낸곳 미래의창

편집주간 김성옥
편집장 정보라
편집진행 조소희·문나연
본문 디자인 강혜민
마케팅 권장규·이건효·김채영

등록 제2019-000291호
주소 서울시 마포구 잔다리로 62-1 미래의창빌딩(서교동 376-15, 5층)
전화 070-8693-1719 **팩스** 0507-0301-1585
홈페이지 www.miraebook.co.kr
ISBN 979-11-24073-19-3 (03320)

※ 책값은 뒤표지에 표기되어 있습니다.